RIVER OF FAITH . . . Our Amazing Journey to Freedom

By Daniel Lokteff and Michael Lokteff

Copyright © 2022 by Michael Lokteff
West Sacramento (Bryte), California USA

All rights reserved. This book or parts thereof may not be reproduced in any form, stored in any retrieval system, or transmitted in any form by any means—electronic, mechanical, photocopy, recording, or otherwise—without prior written permission of the author and/or the author's family designees, except for the use of brief quotations in a book review or scholarly journey or as provided by United States of America copyright law. For permission requests, write to

www.riveroffaithministry.org www.wordtorussia.org

ISBN 978-1-7375865-7-9

Unless otherwise noted, Scripture quotations in this book are taken from the "SINODAL BIBLE TRANSLATION"

All images from Wikipedia Commons, Public Domain—Unless Otherwise Noted and/or are the personal photographs of Michael Lokteff or other family members under use consent.

Printed in the United States of America TRIBNET PUBLICATIONS – SACRAMENTO, CA
www.tribnet.org

СОДЕРЖАНИЕ

Мой дом 1

Начало пути 35

Жизнь в Китае 61

Здравствуй, Америка 107

Река Веры 121

Наше детство 125

Жизнь в США 151

Поддержка беженцев 177

"Люди, не знающие своего прошлого, не имеют будущего"
Михаил Ломоносов

Однажды прохладным вечером осенью 1980 года, когда мы с моей женой Александрой готовили ужин и обсуждали последние новости, кто-то постучал в нашу дверь. Это был наш средний сын Майк, который приехал к нам в гости. Мы пригласили его к столу, и он сказал мне: "Папа, я много думал и понял, что очень мало знаю о своей семье - как и мои братья и сестры. Вы с мамой часто рассказывали нам истории о жизни в Китае, о своих родителях и трудностях, которые наша семья преодолела на пути в Америку; но, несмотря на это, все эти обрывки историй не складываются в полную картину". Я посмотрел в наполненные сожалением глаза Майка и задумался, я чувствовал, что он хочет что-то добавить. Выдержав небольшую паузу, и дав мне осознать насколько история нашей семьи важна для наших детей и внуков, Майк предложил мне записать с ним интервью и рассказать всю историю нашей семьи от Чилика до Сан-Франциско. Эта идея меня очень вдохновила, и, записывая наше 10-часовое интервью, фрагмент за фрагментом, я старался рассказать обо всех событиях как можно подробнее. Я понимал, что когда-нибудь книга о нашем путешествии, основанная на моих рассказах, будет опубликована... Моим желанием было, чтобы наши дети, а затем и внуки продлжили писать эту книгу, дполняя её своими историями.

С любовью, Даниил Локтев

Даниил Локтев в Америке

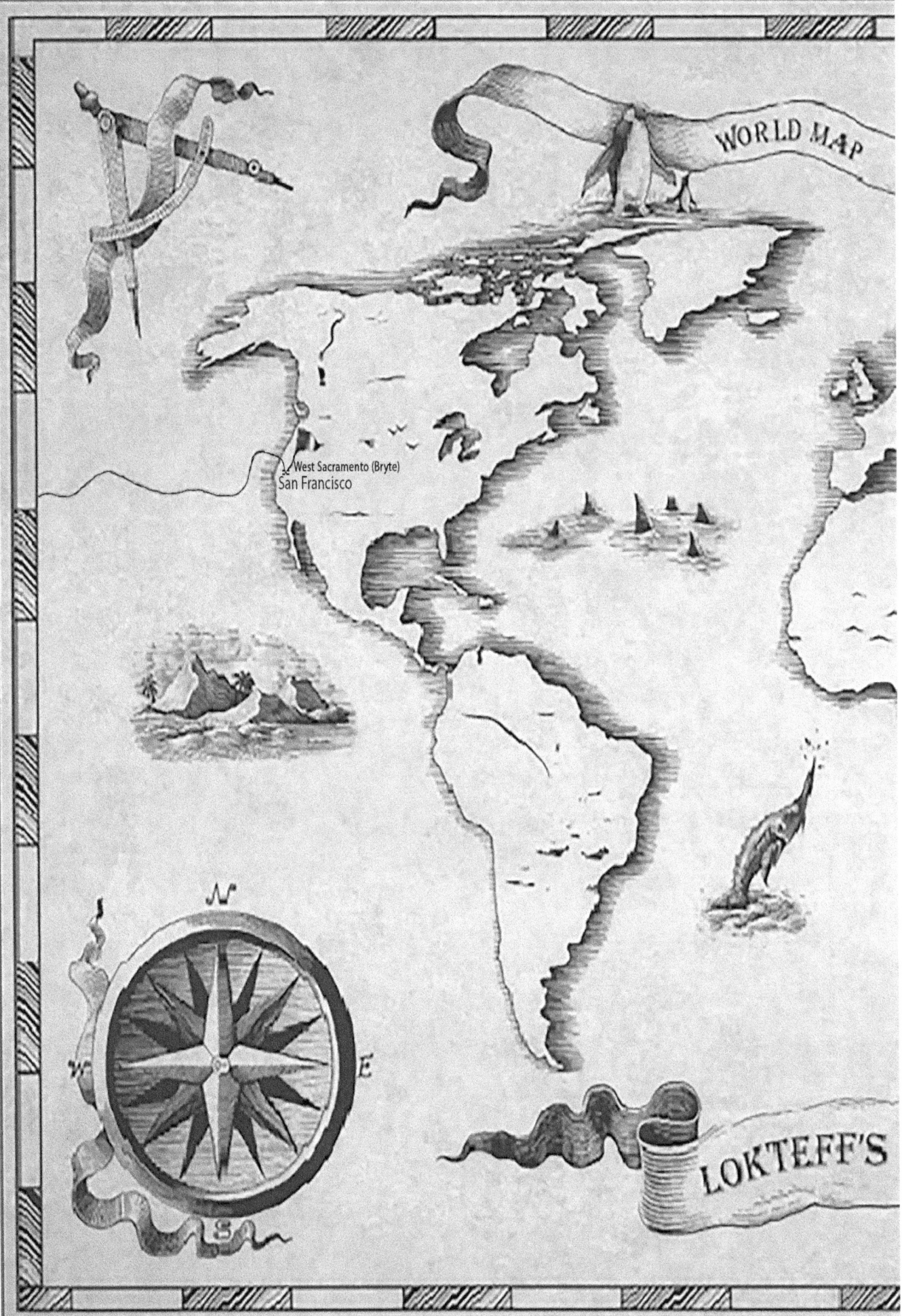

Мой дом

Это была чудная, большая деревня, очень зеленая, тихая, уютная, спокойная. До революции каждый квартал улицы был разделен на 4 части. Вы представляете, какие это усадьбы были! У каждого свой сад, огород и скотина. Город утопал в садах, было много пирамидальных тополей, которых уже почти не осталось.

Александр Лухтанов –
краевед Алматинской области

Мой дом

В 1871 году в Илийской долине в удивительном месте с плодородной почвой, теплым климатом и большим земельным простором было основано небольшое поселение из 702 семей, приписанное к военному приходу. Семьи, переехавшие сюда из Воронежской и Тамбовской губерний, были весьма зажиточными и имели большой опыт в скотоводстве и торговом деле. В те времена на освоение новых плодородных земель выбирали самых предприимчивых и успешных в своем ремесле людей. В числе выбранных крестьян из Тамбовской губернии была и семья моего деда.

Крестьяне из Тамбовской губернии, отправленные в Казахстан – 1871 г.

Место, на котором основали поселение, было выбрано не случайно – оно располагалось практически на середине почтового тракта, связывающего город Верный (позже переименованный в Алма-Ату) с приграничной станцией

Нарынкол, восточнее села находился крупный приграничный с Китаем город Джаркент, западнее киргизский город Каракол. А в 120 километрах к северо-востоку располагался большой и богатый областной центр Алма-Аты (Верный).

Это поселение назвали Чилик (или по-казахски Шелек) в честь небольшой речушки, протекавший неподалеку. Это было многонациональное село, здесь проживали в добрососедских отношениях русские, казахи, украинцы, татары и таранчи. И уже к 1900 году население Чилика увеличилось почти до 5000 человек.

Чилик – 1875 г.

Ист.справка: На 1 января 1900 года в селении числилось 573 двора, в которых проживали 4763 человека (мужчин 2324, женщин 2439). За селением было закреплено 10000 десятин земель, в т.ч. удобной для земледелия 6850 десятин. Основными занятиями селян было животноводство (на 1900 год было зарегистрировано лошадей - 3695, коров - 2105, мелкого скота - 9650 голов) и поливное земледелие .С 1891 года селение стало центром Зайцевского участка Верненского уезда и резиденцией участкового пристава. В селе работали почтовое отделение, базар, церковь, пункты медицинской и ветеринарной помощи. Первая церковно-приходская школа открылась в Чилике в 1882 году на средства купца Н.И.Иванова.

В селении имелось 3 кожевенных завода,22 мельницы,198 торговых заведений с оборотом в 150 тысяч рублей.

В этом селе в 1911 году родился и я. С самого детства мы с ребятами обожали купаться в теплой и неглубокой речке Чилик, где местами уровень воды был взрослому человеку по грудь. Также мы очень любили рыбачить в нашем ручейке, а иногда взрослые брали нас с собой к реке Или, которая протекала в почти тридцати километрах от нашего дома. Такие поездки длились около суток и были для нас настоящим праздником. Чаще всего рыбачить к Большой реке я ездил с моим дядей, там мы ловили много рыбы, упаковывали ее в свежую траву и привозили домой. Особенно часто на удочку клевали османы (небольшие рыбки из семейства карповых), весом они достигали до десяти фунтов.

Жизнь в Чилике

Все дома в Чилике были окружены ухоженными огородами, в которых росли большие ветвистые деревья с очень вкусными плодами, например, в нашем саду было несколько сортов яблонь, груш, вишни и черешни, а особой гордостью было абрикосовое дерево. Плоды с наших огородов казались нам настолько аппетитными, что порой в детстве, мы ели даже недозревшие фрукты.

Кроме плодоносных деревьев в нашем саду росли арбузы, дыни, помидоры, огурцы, лук, морковь, картошка, капуста - все это мы сажали для себя. В огороде под сараем у нас был погреб. Зимой там ничего не замерзало, а летом - сохранялась прохлада, поэтому картошка, квашеная капуста, соленые огурцы, помидоры и даже соленые арбузы там хранились очень долго.

Урожай у нас всегда был хорошим, и моя мама очень любила по выходным ездить на базар, и там разговаривая с женщинами, продавать арбузы, яблоки, огурцы и все, чего у нас было в избытке. Возвращаясь с рынка, мама привозила домой мясо и другие продукты, которых не было в нашем хозяйстве.

Жизнь в Чилике протекала тихо и безмятежно. На все наше достаточно большое и многолюдное село было назначено всего двое полицейских, да и они чаще всего сидели без работы, потому что кроме редких драк никаких происшествий в Чилике не случалось.

Соседняя деревня

Неподалеку, в 11 километрах от нашего села, располагалась небольшая деревня Куликовка (позже ее переименовали в Сарыбулак). Это было тоже очень мирное и обеспеченное село, состоявшее, как и наше, из переселенцев. С самого детства мы крепко дружили с куликовскими ребятами, а взрослые поддерживали приятельские отношения со

Русская ветряная мельница

старшим поколением жителей соседской деревни. Наша семья не была исключением, и чаще всего из Куликовки в гости к моему отцу заезжали братья Зиновий и Козьма Щербаковы, приехавшие на освоение земель в Илийской долине из Воронежской губернии. Это были очень предприимчивые, трудолюбивые и мудрые люди, во время их приезда отец часами беседовал с ними.

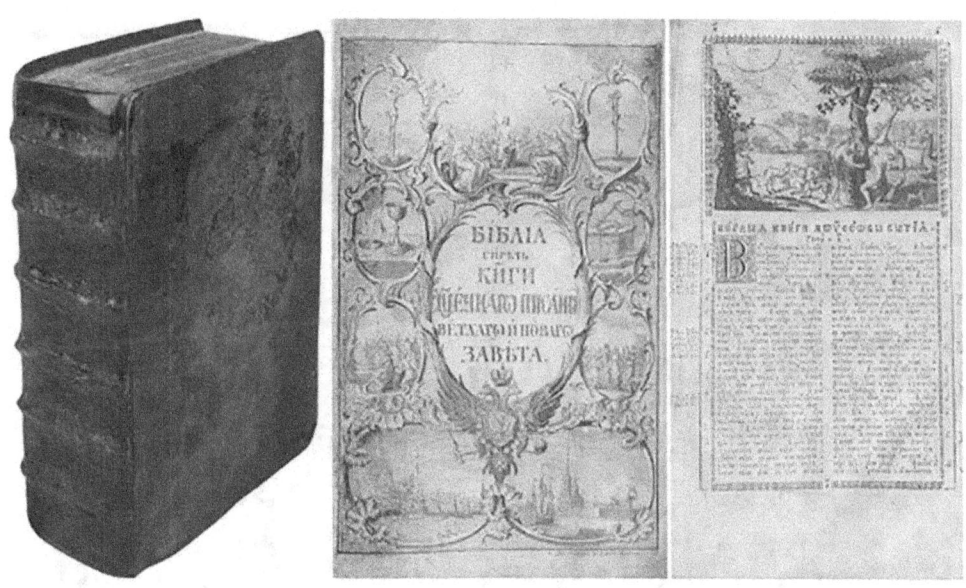

Широкоформатная русская Библия

Почва в Куликовке не была плодородной, и земледельцы ездили в горы, арендовали там землю и вспахивали ее, а после собирали хороший урожай. Основным промыслом Козьмы и Зиновия была пахота, они засаживали пшеницей несколько соток земли, а когда она всходила, братья собирали урожай и привозили зерна на мельницу моего отца. Папа всегда радовался их визиту, и, забрав из дома свою широкоформатную Библию, шел на мельницу, где усевшись за чашкой чая с братьями Щербаковыми, долго обсуждал с ними слово Божье.

Как и многие односельчане, отец был верующим человеком и ходил в нашу православную церковь, построенную купцом Ивановым. Щербаковы же храм не посещали, а ходили на баптистские собрания в Куликовке. Однако несмотря на приверженность разным конфессиям, Зиновий и Козьма смогли посеять семя искренней и глубокой веры в сердце моего отца. Немного позднее отец сам стал часто ездить в Куликовку. Там он познакомился с другими членами баптистской общины и через некоторое время начал посещать местные собрания евангельских христиан.

Православная церковь в деревне

1921 год

Жизнь в наших селах протекала спокойно и безмятежно, у нас было счастливое детство, а у взрослых – обеспеченный и налаженный быт. Но, однажды, беда постучалась и в наши мирные села. Это случилось в 1921 году, когда на всех территориях, захваченных большевиками, В.И. Ленин учредил так называемые чека (позже их переименовали в НКВД).

Чека – Чрезвычайная Комиссия - была создана для борьбы с терроризмом и саботажем, но людям казалось, что этот комитет предназначен для запугивания населения, чтобы большевики могли свободно властвовать в городах. Заданием чека было приезжать в наши села и наказывать кулаков.

Я до сих пор помню фамилии комиссаров чека, приехавших в наше село: Грабовский, Соколовский (поляки) и Дуганин. Дуганин был среди них главным. Троицу комиссаров сопровождал дунайский полк, состоявший в основном из чехов, литовцев и других народов, которые не говорили по-русски и остались жить в России после окончания первой мировой войны. Когда чека приезжала в наши деревни, дунайский полк окружал поселение и становился по квартирам. В деревню никого не пускали.

Оцепив село, чека устраивали собрание на школьной площади, и все жители от 16 лет должны были туда явиться. Не ходить туда было невозможно, потому что посещаемость контролировали солдаты.

К моменту проведения собрания чекисты находились в городе пару дней, во время которых они судили людей. К началу собрания на площади уже было все приготовлено для расстрела. Когда собирались все жители, один из комиссаров выходил к народу, долго страшно ругался и говорил, что все, что делает чека происходит по распоряжению большевиков. После этой речи на площадь выводили несколько человек – наших односельчан и тут же расстреливали. Видя такое, люди очень пугались, в селе даже были случаи сумасшествия. После расстрела всех отпускали по домам. В нашем небольшом селе за 2-3 недели комиссары чека осудили и расстреляли 36 человек.

Сельские жители собираются на площади по приказу ЧК

ЧК- Чрезвычайная Комиссия

Надо сказать, что люди, считающие Ленина более человечным чем Сталин, сильно заблуждаются. В народе спустя столько времени не знают правды и даже не представляют сколько на самом деле по приказу Ленина было расстреляно невинных людей. Также столь лояльное отношение к Ленину связано с тем, что чека, в отличие от НКВД, не успела пройти повсеместно, а там, где они были сохранилось мало документов. Я слышал даже, что были люди, которые подняли вопрос о злодеяниях чека перед Лениным лично, но Владимир Ильич сказал, что все действия чека были правильными. Чрезвычайная Комиссия была орудием Ленина, и он сам ее возглавлял.

Еще одно большое заблуждение современников кроется в том, что многие думают, что большевики расстреливали только самых богатых эксплуататоров - кулаков. Это было далеко не так. Конечно, расстреляли много богатых мужиков, имевших большие хозяйства. Помню, жил у нас в селе Нащёлкин Сергей, у него был большой маслобойный завод и много арендованной земли. Он провел туда воду, много сеял, пахал, и, конечно, жил в достатке. Этот человек был очень добродушным и все люди, которые у него работали были довольны им. Когда его арестовали, кто-то из его рабочих собрал 40 подписей между сотрудниками в защиту Нащелкина. Но несмотря на подписи комиссары из чека его убили. Нащёлкина Сергея засекли плетьми.

Под репрессии попало много богатых крестьян. Это были очень предприимчивые люди, которые много времени уделяли своему хозяйству и имели свой доход, благодаря упорному труду. Информацию о зажиточных сельчанах в чека передавала специальная организация – комитет бедноты, в которой работали наши односельчане.

Преследования в коммунистической России

Конечно, очень богатых людей работники комитета не могли прикрыть, но тем, у кого был средний достаток, порой удавалось избежать беды. Например, мой дядя жил гораздо богаче моего отца, но его совсем не тронули - ему удалось избежать даже конфискации имущества, потому что он был очень тихий и спокойный человек. А мой отец - Терентий, наоборот, был горячим человеком и попал под раскулачивание.

Помимо богатых под репрессии попало немало крестьян со средним доходом. Их выдали по злобе. Если кто-то из работников комитета имел обиду на соседа, то стоило только сказать одно слово и чека судили человека, ничего не исследуя и никого не спрашивая. В те страшные времена было казнено и очень много бедных людей – кто-то из комитета бедноты на них докладную писал в чека, и человека убивали.

Конфискация

Конфискация еды коммунистами в России

В то время мы жили за селом, и, хотя нам было страшно, мы не опускали руки. Однажды мы с отцом собрались за сеном, в те времена сено зимой возили на санях. Когда мы выезжали было прекрасное морозное утро, сияло солнце, а вокруг лежал свежий белый снег. Наши лошади весело бежали вперед, отец ехал на первых санях, а я на вторых. Так мы доехали до перекрестка, где встретились с двумя односельчанами, ехавшими верхом. Отец остановился и долго-долго беседовал с ними. Они рассказали отцу как действовала чека. После этого разговора мы развернулись и поехали домой. Я помню, как мы сидели дома и как нам было страшно от понимания того, что вот-вот и до нас дойдет очередь.

Расстрелами действия чека не ограничивались. После массовых казней комиссары принялись конфисковывать имущество. Ленин ввел два вида конфискаций: полную и частичную. Полная конфискация касалось семей кулаков и означала, что семью - жену и детей расстрелянного без сожаления выбрасывали на мороз, а все их имущество забирали в пользу государства.

Кроме полной конфискации была так называемая частичная конфискация, под которую попала наша семья. Частичная конфискация означала, что у семьи забирали хлеб, зерно и весь скот. У нас конфисковали скот 6-7 дойных коров и около 30 баранов, а потом и вообще решили нас расселить, потому что посчитали, что для нашей семьи дом, в котором мы жили, был слишком большим.

Кучер

Однажды в нашу дверь постучали представители чека и потребовали, чтобы отец поехал с ними в село. Они говорили, что им необходимо побеседовать с ним в сельсовете и ручались, что ничего плохого не произойдет. В тот день Господь уберег моего отца – комиссары лишь оповестили отца о том, что он назначен кучером. В сельсовете папе выдали очень хороших и крупных белых лошадей, конфискованных у нашего соседа Якова, а также большие добротные сани.

Работая кучером, отец видел какие зверства творили чекисты и ужас в глазах людей, которых арестовывали. Сама тройка не участвовала в арестах, но, когда проводились расстрелы кто-то из тройки обязательно выезжал на места.

После того, как чекисты закончили в нашем селе, они поехали в Куликовку, а из нее дальше по всей округе. Одна из деревень, в которую отец привез чекистов, была совсем молодой, ее жителей мы называли новоселами. Это было очень бедное село, где большей частью населения были сбежавшие крестьяне из центральных губерний, абсолютно не знавшие местность. Располагалось это поселение на участке с неблагоприятной почвой, там даже практически не было огородов, потому что болотистая местность не давала прорастать овощным культурам. Плодородная земля в этом селе была лишь на небольшом участке у берега реки, поэтому людям там было очень трудно жить. Несмотря на подавляющее большинство бедняков и население в тридцать семей, с этой деревни расстреляли 12 человек.

Лошадиная упряжка - Тройка

Палачи ЧК

Ужасы чека

Первым делом комитет бедноты выдал чека баптистов, в их число попали и братья Щербаковы вместе со многими прихожанами куликовского собрания. Конечно, братья Щербань жили чуть лучше остальных, но они и работали очень много. Зиновия и Козьму в их деревни расстреляли в первую очередь. Потом после долгих пыток застрелили и дядю моей жены. Это был очень верующий, добрый и бедный человек, он работал в хозяйстве братьев Щербаковых.

Когда привезли на расстрел братьев Щербаковых и других баптистов из Куликовки, которых хорошо знал мой отец, они попросили дать им возможность помолиться Богу. Верующие опустились на колени и начали читать молитву, но у чекистов не хватило терпения, и они прострелили им колени. Этот случая произвел неизгладимое впечатление на моего отца. С этого момента отец все больше времени стал уделять изучению Библии и начал во всем следовать Божьему Слову.

Отец моей жены служил писателем в киргизской волости. Так как Киргизия была недалеко от нас, и там жило много русскоязычных людей, туда требовался грамотный человек, который бы мог правильно записывать имена и фамилии новорожденных и вступивших в брак, а потом передавать властям эти сведения. Вот отца моей жены и направили на должность писаря. Когда чекисты уже пришли в их деревню, у тестя были взрослые дети. Старший сын к тому времени построил небольшой двухкомнатный домик и отчий дом всегда в порядке помогал содержать. Работал тогда брат моей жены плотником и дом у него был очень хороший. И, конечно, этот дом сразу облюбовали офицеры из чека. Стоит упомянуть, что некоторые офицеры из дворянского полка были не русской национальности и очень плохо говорили по-русски. Офицер же, который заселился в дом старшего брата моей жены, был немцем, но по-русски говорил неплохо. Он и предупредил отца моей жены, чтобы он как можно быстрее уехал из деревни. Благодаря этому человеку, тестя не расстреляли, и их семья не подверглась конфискации, потому что после того, как проходила чека никого больше не судили. Не знаю сколько дней провели они в Куликовке, но я думаю недолго, так как деревня небольшая.

Когда наш отец вернулся, чекисты нашли другого кучера и уехали дальше.

НЭП

В начале 1922 года ужасы, которые устраивали комиссары чека, закончились, им на смену весной 1922 года пришла Новая Экономическая Политика (НЭП), и к нам в село снова приехала комиссия, задачей которой было разделить конфискованное имущество между всеми жителями. Так как у нас была большая семья, нам выделили две коровы, одного коня и около двух соток земли.

Когда повсеместно была введена НЭП, людей совсем перестали трогать, и все воспрянули духом. Правда, потом народ начали собирать в артели*, но и они вскоре рассыпались, потому что никто не хотел отдавать в общее хозяйство свою скотину.

Новая экономическая политика - 1922 год

С введением НЭП все люди стали жить по-новому, и многие мужики, после раскулачивания, начали отстраивать себе новые дома. Моя мама была очень скромной женщиной и всегда умела довольствоваться малым, я до сих пор помню, как она говорила, что при советской власти можно снова жить хорошо.

Артель* - форма производственного объединения граждан для ведения коллективного хозяйства на базе обобществления средств производства.

Скотина, которую выделили для нашей семьи оказалась очень хорошей и уже вскоре у нас появились новорожденные телята, и я с удовольствием помогал родителям выпасая скотину. В 1922 году мы посадили много пшеницы и в этом же году с отцом отстроили большую мельницу.

Благословенная Встреча

Как я уже говорил Козьма и Зиновий Щербаковы были очень близкими друзьями моего отца, и расстрел их и других баптистов из Куликовки во время молитвы оставил в папином сердцем очень глубокую рану. С того страшного дня, отец стал очень много времени уделять исследованию Библии.

И вот в двадцать четвертом году в полукилометре от нашего дома семья баптистов, приехавшая из соседнего региона, арендовала мельницу. Мой отец познакомился с этой семьей, и у них практически сразу завязалась дружба. Отец стал часто ходить к ним в гости, чтобы побеседовать и вместе разобрать слово Божье. Благодаря этому общению убеждения моего отца постепенно менялись на основании библейских истин, и он все сильнее проникался словом Божьим.

В семье наших новых друзей было трое детей: маленькая дочка и два сына приблизительно моего возраста. С ребятами мы часто вместе ходили по разным делам и вместе выполняли поручения родителей. Однажды, они пригласили меня на собрание, которое их родители устраивали во дворе около сарая. На собрание приехали некоторые братья и сестры с Куликовки, а еще несколько наших односельчан, про которых мы даже не знали, что они верующие.

Когда я пришел на это собрание, то постарался сесть как можно дальше, потому что на тот момент у меня не было ни желания вникать во что-то новое для меня, ни каких-либо религиозных убеждений.

Музыкальная группа Евангельских христиан - 1927 г.

С малых лет, в дореволюционный период при старом режиме, нас с классом часто водили в церковь. Мы стояли в несколько рядов и слушали батюшку, но я не вникал православное богослужение, потому что для меня оно было малопонятно. Хотя кое-что мне удавалось понять благодаря тому, что местный священник каждую неделю приходил в нашу школу и проводил для нас уроки по богословию, но, если честно, это не оказывало на меня сильного влияния. В итоге к своему восемнадцатилетию я не имел практически никаких религиозных убеждений.

И вот в восемнадцать лет я впервые посетил баптистское собрание. Первым, на что я обратил внимание, стало красивое пение моих друзей и их маленькой сестренки. После того как песня закончилась, их отец - Иван начал читать проповедь. Он читал стихи из Евангелия и пояснял их для нас. Несмотря на сильный украинский акцент дяди Вани, я понял проповедь, и она мне очень понравилась.

Это собрание произвело на меня такой сильный эффект, что я стал с удовольствием посещать все следующие собрания. Вскоре ребята научили меня с ними петь, и я стал частью хора. Прошло несколько месяцев и вместе с другими верующими мы открыли собрание в центре села Чилик.

Наше Собрание

Когда мы открыли собрание в центре Чилика, на него начали приезжать и наши родственники из соседних сел. Очень часто наши встречи посещала и семья моей тети (младшей сестры моего отца). В ее семье было несколько сыновей и две дочери, их фамилия была Шевченко.

Вскоре после открытия мы организовали хор ветеранов. Один из наших прихожан, Григорий, прошел войну и имел много боевых товарищей, которые в скором времени тоже стали посещать собрания. Наши встречи верующих очень оживились, к нам все чаще стали приходить православные, и мы смогли организовать достаточно крупную, по местным меркам, церковь.

Слушая проповеди, участвуя в хоре и став частью большой и дружной общины, я проникся идеями баптизма и вскоре обратился к Господу, не вникая особенно в Библию, как мой отец. Больше всего меня волновали вопросы касающиеся спасения.

Вскоре после того, как была основана церковь, моя мать поехала туда и приняла крещение, а через несколько дней в феврале месяце 25-го года крестился и я. Этой же весной в апреле или в мае, точно уже не помню, принял крещение мой отец. Изучение

Библии и собрания помогли ему избавиться от проблем с алкоголем, которые возникли после того, как на его глазах люди из чека расстреляли его друзей из общины баптистов во время молитвы.

Наша церковь становилась все больше и больше, к нам присоединилось много приезжих. В то время была сильная миграция, люди переезжали из деревни в деревню, пытаясь избежать высылок и раскулачивания. Так продолжалось до тридцать третьего года, во время которого была введена всеобщая паспортизация. В ту пору в наше село приехало много людей, некоторые из них были нетверды в своей вере, но вскоре большая часть новоселов уверовали и стали постоянными прихожанами нашей церкви. Объединившись с куликовсковской церковью, мы арендовали здание бывшего сельсовета. Это была добротная старая постройка, нуждающаяся лишь в косметическом ремонте, а чуть позже мы отстроили уже свое здание.

Однако наше спокойствие было лишь временным.

Массовые репрессии – 1927 г.

Новый удар

Спокойная и мирная жизнь после введения НЭП продлилась недолго. В 1922 году к власти пришел И. Сталин и уже с 1927 года по всей стране вновь начались массовые репрессии по сфабрикованным делам.

В наших селах были сформированы отряды полицейских из 40-50 служащих. Они занимались борьбой с контрабандой, преследованием беженцев, пытавшихся эмигрировать в Китай и расследованием преступлений. Служить в полицию в то время поступило много наших односельчан, а на руководящие должности были назначены приезжие. Это было сделано для того, чтобы среди администрации не было ни родственников, ни знакомых сельчан.

Протесты – 1928 г.

29 сентября 1929 года, как раз в праздник Пасхи, в нашей семье случилась беда - моего отца арестовали. В этот день в нашей церкви было торжественное собрание, во время которого вошли два человека из НЭПа и сели на задней скамейке. В конце собрания мой отец прочитал проповедь, и когда служба была завершена, к нему подошли люди в штатском, арестовали его и отправили в тюрьму. Открытого суда не было и даже мы – члены семьи не могли присутствовать во время вынесения приговора. Причиной ареста, как мы потом узнали, назвали нерациональную эксплуатацию воды на нашей маленькой мельнице. Хотя настоящим поводом для задержания, мне кажется, стало то, что на мельнице моего отца работало много баптистов, а в свободное время отец проповедовал в деревне и помогал односельчанам прийти к Богу.

Подобных арестов среди баптистов в конце 20-х годов

становилось все больше, даром что власти придумывали другие поводы для задержания. Люди понимали, что служителей церкви преследуют из-за веры. Но несмотря на гонения наша церковь разрасталась.

Советское «Правосудие»

Формирование столь больших отрядов полиции было необходимо для того времени, ведь после революции уровень преступности начал расти. Я думаю, это связано с тем, что и война, и революция унесли множество жизней хороших людей. Во время первой мировой войны, в процентном соотношении, солдат, которых призвали с нашего района, и которые были убиты на войне с немцами, было намного меньше, чем тех, которые погибли во время революции. Как мне кажется, когда люди воюют, их сердца начинают легкомысленно смотреть на жизнь человека. Им становиться легче забрать чужую жизнь, и поэтому после революции преступления увеличились. В первую очередь участились случаи воровства, появились крупные шайки разбойников, которые угоняли скот и лошадей.

Однако советская власть быстро с навела порядок. Полицейские ловили мелких воров и выпытывали у них имена главарей, отдававших им приказы. А когда расстреляли Киргиза – самого крупного атамана, грабежи и вовсе прекратились.

Но драки между пьяными соседями участились и стали намного грубее. Так, например, один человек по фамилии Ткачёв убил двух молодых братьев. Одному из братьев было шестнадцать лет а, другому – восемнадцать. Старший был здоров физически, и не боялся, когда началась драка, хотя Ткачеву на тот момент было не меньше лет 25 и он уже отслужил в армии. Во время драки братья не смогли дать отпор Ткачеву, и он убил их. Позже мы узнали, что это было убийство с целью ограбления.

Клубы комсомолов – 1928 г.

На судах всем преступникам, кроме политических, давали небольшие сроки. Насколько я помню, Ткачев за двойное убийство отсидел всего три-четыре года и, когда его выпустили, он снова приехал в наше село. Я даже помню, как отец этих ребят хотел ему отомстить и начал с Ткачевым драку, но их быстро разняли. Отец погибших парней, наверное, так и не смог отомстить.

С политическими же заключенными все было по-другому.

Люди тогда были неграмотные и не понимали, что значит слово «политика». Ничего они не знали почти и об иностранных державах, а им приписывали шпионаж и присуждали огромные сроки тюремного заключения или ссылку в лагеря.

Наша Церковь

Как я уже говорил, несмотря на гонения, наша церковь процветала. Многие жители посещали собрания, и с каждым днем к нам присоединялось все больше молодых ребят. Мои сестры и я очень любили петь в хоре, а когда я женился в 1928 году, наши служения стала посещать и семья моей жены.

До создания нашей церкви, хора в селе и в окрестностях не было. Однако, когда к власти пришла советская партия, в деревнях начали открывать клубы комсомолов, предназначенные для того, чтобы ориентировать молодежь в поддержку советской власти. Насколько я знаю, в них тоже иногда пели, но это были лишь гимны, восхвалявшие советское правительство. В нашем селе никто не хотел вступать в комсомол*, молодежь старалась держаться подальше от всевозможных партийных организаций. Всего у нас проживало чуть больше четырех тысяч семей, из которых всего три-четыре семьи были партийными. Над этими активистами все смеялись и даже придумывали о них забавные поговорки.

В куликовской церкви тоже долгое время не было хора, несмотря на то что она была далеко не маленькой. В основном в церковном хоре пела молодежь (я уже говорил, что в наших семьях тогда было по трое-четверо детей). И достаточно быстро у нашего хора появилось много слушателей.

Помимо музыкальной составляющей в нашей церкви было и много проповедей. Сначала, когда церковь только открылась, в ней проповедовал Иван, а потом, когда мы приняли крещение, он стал и отца моего ставить и меня. Вскоре мы проповедовали то, что знали из Евангелия, поднимали важные вопросы и изучали Слово Божие вместе с прихожанами. Благодаря нашим собраниям многие братья и сестры из нашей округи уверовали в Господа.

Служение в большой церкви

Комсомо́л* — коммунистический союз молодёжи.

Семья Лапшиных

С моей первой женой, мамой Василия, мы прожили совсем недолго – чуть меньше двух лет. Через пару месяцев после свадьбы она наступила на ржавый гвоздь и сильно заболела, а врачи сказали нам, что у нее заражение крови. В те времена лекарств от этой болезни не было, и она умерла.

Я до сих пор помню ее семью. Лапшины, были очень хорошие, искренние, верующие люди. У ее брата Василия был превосходный голос, и он был тенором в нашем хоре. Это была особенная семья, которая проехала много городов и сел, организовала десятки церквей, и память о них осталась в сердцах множества людей. После смерти моей жены, ее семья переехала в Киргизию и мы потеряли контакт.

Вообще Лапшины не задерживались долго в каком-либо городе, я думаю, их миссией было нести людям Слово Божье. В Куликове семья моей первой жены держала мельницу и делала лепешки для того, чтобы продавать их на базаре. Также семья Лапшиных в Куликовке вела активную работу в церкви, они хорошо пели и очень много молились. А после прихода чека мой тесть взял на себя управление церковью.

Уверовали Лапшины, когда жили на Кавказе. Отец семейства был очень большим и широкоплечим человеком. Слово Божье открылось ему, когда он был на военной службе во время первой мировой войны. Тогда он попал в плен к немцам. Позднее, он даже говорил, что пленение большого количества русских было особым Божьим планом. Во времена первой мировой войны в Германии среди военнопленных была организована одна из первых миссий для русских, которая существует и по сей день. Немецкие миссионеры издавали Библии на русском языке и раздавали Евангелие среди пленных, так

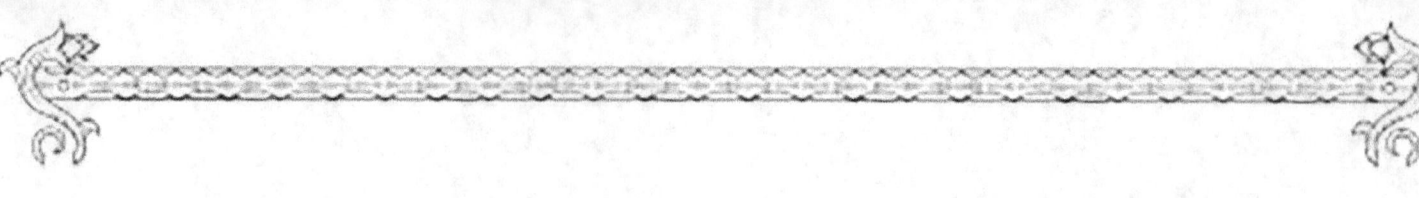

появились в лагерях первые русские верующие, которые стали проповедовать другим невольникам. Позднее я нашел множество подтверждений тому, что именно бывшие военнопленные открыли большую часть баптистских церквей и служений по всему Советскому Союзу. На мой взгляд, плен послужил хорошим рассадником для веры, ведь на тот момент, в Германии христианство было сильно развито.

Вернувшись с войны, мой тесть открыл Слово Божье своей семье. Тогда он еще не был крещен, а когда мой тесть принял крещение, он стал еще активнее свидетельствовать и посвятил себя помощи баптистским церквям. Всей семьей Лапшины объездили множество уголков России, они даже организовали несколько служений в далекой Сибири.

Однако несмотря на все старания активистов уже с приходом Сталина и незадолго до нашего отъезда верующих в наших окрестностях стало намного меньше: кто-то бежал от советской власти, а кто-то, видя политику партии, начинал колебаться в своей вере.

Семья Локтевых

В Чилике и его окрестностях проживало очень много наших родственников. В сорока километрах от нашего села жила мамина родня, и когда мы куда-нибудь ездили, мы всегда останавливались у них. Особенно мы любили бывать в гостях у бабушки и дедушки по маминой линии, а когда подросли стали очень тесно общаться с семьями наших дядей. Это были глубоко верующие люди. Мой дедушка был очень добродушным и работящим человеком, а бабушка - очень целеустремленной и образованной.

По отцовской линии дедушки уже не было в живых, а бабушка

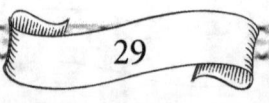

жила с нами. На закате лет она уверовала и крестилась. Она у нас была долгожительницей, и сколько я ее помню, она до последних лет помогала нам по хозяйству.

Интересная история произошла и с моими братом Иосифом и сестрой Марусей. Когда мы уверовали Иосифу было всего двенадцать лет. Он, как и многие другие из его сверстников, был прилежным учеником и любил посещать собрания. А в девятнадцать лет ему доверили управление большим церковным хором. Наша сестра Маруся, которая была чуть старше Иосифа, во всем ему помогала – они были очень близки. Вместе они руководили хором и были активными членами церкви. Их любовь к служению была непоколебима. В 1930 году уверовавшая Маруся вышла замуж за активного комсомольца Ефима, придерживающегося атеистических взглядов. Однако всего за полгода она помогла ему открыться перед Господом. А Иосиф посвятил всю свою жизнь прославлению Бога через пение и организацию церковных хоров.

Другие мои сестры Вера и Ксения тоже посещали церковные собрания. А мой самый младший брат Михаил (1919 года рождения) принял крещение в Шанхае.

Вторая волна репрессий

С 1922 по 1928 год жизнь в наших поселках текла своим чередом. Люди вновь отстраивали свои дома, восстанавливали хозяйства и посещали церковь. В нашей семье тоже произошли перемены. В 1930-м году Маруся вышла замуж за Ефима, а я вновь женился и у нас с моей женой Александрой появилась дочь – Лидочка. К этому моменту мы уже достраивали свой дом неподалеку от родительского. Однако, как я уже говорил ранее, начиная с начала 30-х годов все изменилось – началась вторая волна репрессий.

В окрестностях тогда арестовали очень много порядочных людей, в том числе и моего отца. Также в наших поселках на выселение назначили более двухсот семей.

Когда начались репрессии, мы даже не понимали, что так называемое вольное поселение намного хуже высылки в северные лагеря, потому что на вольных поселениях умирало гораздо больше людей. Смертность среди жителей вольных поселений была так высока, из-за того, что там был каторжный труд, а продукты питания туда доставляли с большой задержкой и в очень маленьком количестве. Вольные поселения чаще всего располагались в малопригодных для проживания районах Советского Союза, таких, как например, Крайний Север. На высылку назначали целые семьи, даже невзирая на наличие маленьких детей. На вольных поселениях эти семьи сами вынуждены были обустраивать быт в абсолютно непригодных условиях для жизни.

Вольное поселение – 30-е г.

Много семей в то время были отправлены на освоение лесов и пустынь, пару семей из рязанской губернии в 30-е годы даже отправили в нашу местность. Как я уже упоминал, на вольном поселении людей вовсе не снабжали предметами первой необходимости, и очень сильно везло тем, кто попадал в такие районы, где уже были поселения, потому что в этом случае ссыльным помогали местные жители. Многие прошедшие через вольное поселение рассказывали о том, как их просто привозили и бросали в пустыне, где вокруг не было ни одного поселения.

Такая история произошла и с братьями Красновыми, которые сейчас живут в Сакраменто. В свое время они были высланы на вольное поселение. Их с семьями увезли зимой в северные леса и оставили там без какого-либо снабжения.

Списки на Выселение

Все началось с Куликовки - туда приехали люди из Совета народных комиссаров СССР и огласили списки тех, кого назначили выселение. Оттуда комиссары поехали к центру области, чтобы в каждой деревне озвучивать перечень жителей, подвергшихся репрессии. Фамилии людей, которых вместе с семьями отправляли на вольные поселения, были указаны в специальных списках. Я ни разу не видел эти перечни, но говорили, что в них указано более двухсот местных семей, в том числе и семья моего отца. Я понимал, что на вольное поселение принудительно отправят мою маму и моих братьев Иосифа и Михаила. Иосиф в то время был подростком, а Мише было всего 12 лет. В то время я думал, что высылка меня не коснется, потому что на тот момент я уже имел свое жилье.

Однако немного позднее кто-то мне сказал, что в этом списке есть не только отцовская семья, но и моя. В то время у меня уже было двое маленьких детей. И я решил сам узнать действительно

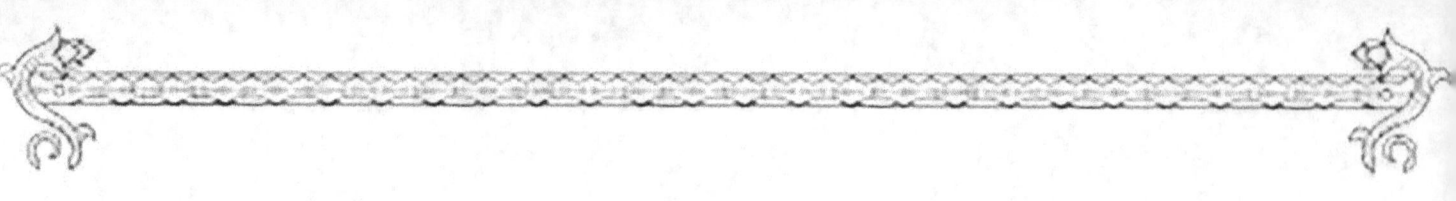

ли мы есть в списке назначенных на выселение. Я отправился в сельсовет, где в то время работал мой школьный товарищ, с которым мы учились в одном классе. Он сказал мне, что из сельсовета списки уже были перенаправлены в следующую инстанцию.

В то время я абсолютно не понимал, что мне теперь делать. Погрузившись в свои мысли, я направился к своей старой школе. Она располагалась в большом частном доме с огромным залом и несколькими смежными комнатами-кабинетами. И вдруг из одного из кабинетов вышел мой бывший одноклассник. В свое время нас вместе призывали на военную службу, но я тогда не прошел из-за сильной близорукости, а он отправился служить в красную армию. Когда мой товарищ вернулся со службы, партия сразу предоставила ему хорошую должность.

Я сразу узнал бывшего одноклассника по походке – он немного хромал с самого детства. Разговорившись, мой старый школьный товарищ рассказал, что он работает помощником председателя в сельсовете. Тогда я спросил у него, как мне узнать есть ли моя семья в списках на выселение. Мой товарищ сказал мне выйти в коридор и пообещал вынести документы. В списке я увидел не только родительскую семью, но и мою – там были прописаны как моя фамилия, так и фамилии, и имена всей моей семьи – жены и двоих детей.

Решение

В списках на выселение была вся моя семья, и я был очень расстроен из-за этого. Я прошел два-три квартала и у меня созрело решение. В тот момент я подумал о том, что лучше, чем ждать, когда нас выселят, уехать самим, пока к нам не приставили охрану.

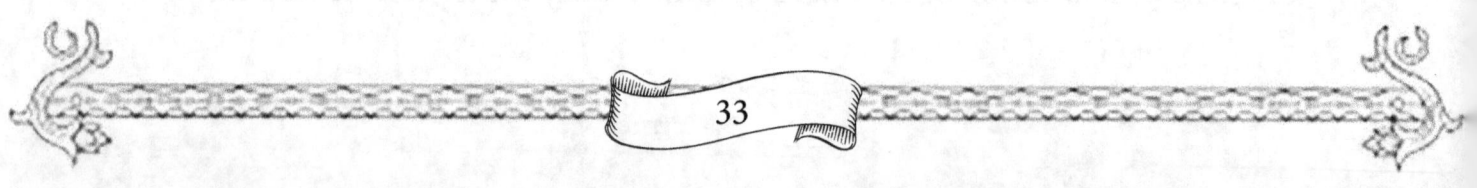

В то время я знал, что в деревне, находящейся в семи километрах от нас, ждала выселения и семья моей жены – два брата, их мать и дети. И вот я приехал к ним и начал говорить им о том, что нам не стоит ожидать ссылки, что нужно действовать. Тогда они со мной не согласились, ответив мне, что Господь пошлет решение и не оставит в трудную минуту. Но я решил уехать во что бы то ни стало. Выйдя от семьи супруги, я направился в транспортную артель, одну из немногих оставшихся на тот момент артелей. Там, в то время находился мой конь. Погода была дождливая и кони паслись без дела (в хорошую погоду на них вспахивали поля). Я подошел к председателю и спросил, могу ли я взять свою лошадь. Председатель ничего не знал о моем плане и без раздумий отдал моего коня, подумав, что он потребовался мне для каких-нибудь домашних нужд.

На своей лошади я приехал в родное село и сразу начал собираться в путь. Я помню сильный дождь, который лил на протяжении всей моей подготовки к отъезду. Куда ехать я пока не знал.

Одноконная бричка, которая была у меня тогда показалась мне слишком маленькой, и я сразу стал мастерить будку, чтобы дождь нас не мочил в дороге. Я работал очень усидчиво и успел все доделать до наступления ночи. Закончив, я вошел в дом и рассказал о своем плане жене, она очень долго плакала. Я всю ночь собирал наши вещи. Из провизии мы взяли фрукты, белую муку, банку меда и ведро топленого сала. Все это я поместил в своей бричке, а потом загрузил туда одежду и постель. За несколько часов до рассвета мы взяли сонных детей и отправились в наше долгое путешествие. Василию тогда было два года, а Лиде чуть меньше годика. Мы поехали не через село, а окольной дорогой. В тот момент нам было очень страшно.

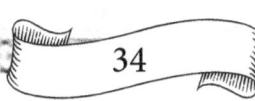

НАЧАЛО ПУТИ

- Ты куда идешь, скажи мне,
Странник с посохом в руке?
- Дивной милостью Господней
К лучшей я иду стране.
Через горы и долины,
Через степи и поля,
Чрез леса и чрез равнины
Я иду домой, друзья.

Симон Хорольский

Начало пути

Я взял курс на запад, в сторону Алма-Аты. По дороге я старался придерживаться окольных путей, потому что думал, что комиссары, узнав о нашем побеге, начнут преследовать нас. Наш путь пролегал через болотистую местность и спустя несколько часов мы застряли на размытой дождем тропе. К счастью, по этой дороге в то время на базар проезжали уйгуры, или как мы их раньше называли, таранчи. Это были добрые люди – они помогли нам вытянуть бричку, и мы смогли продолжить наш путь.

Русская бричка

Так мы доехали до небольшого уйгурского села близ Алма-Аты. На улице было очень холодно, и мы решили попросить ночлег в этом селе. Я зашел в один из дворов и попросил хозяина дома пустить нас переночевать, и он пригласил нас зайти. Уйгурская

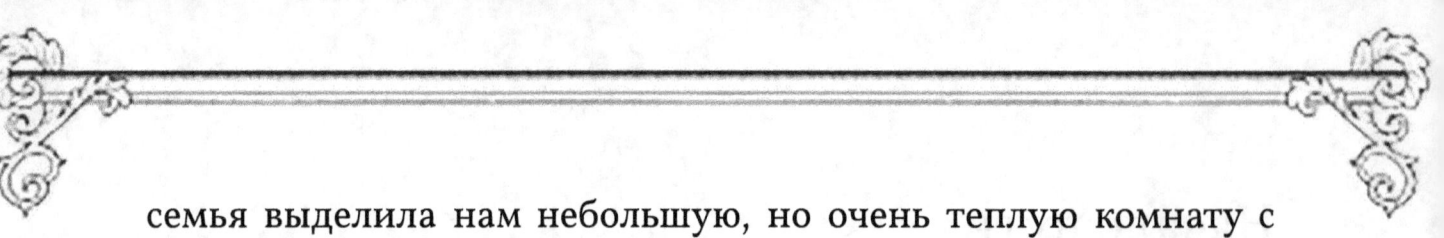

семья выделила нам небольшую, но очень теплую комнату с большим ковром, а после они накормили нашу лошадь. Это была верующая семья таранчей. Они были очень гостеприимны и говорили, что гостеприимство в них от Авраама. Они считали себя детьми Измаила, отца Авраама. У них было принято открывать свои двери для странников.

Вообще таранчи были очень мирным и трудолюбивым народом. Религия запрещала им употреблять спиртные напитки и потому глупых драк и других преступлений между ними практически не было. Таранчи очень хорошо говорили по-русски и всегда старались поддерживать с другими народами добрососедские отношения.

Мы согрелись и хорошо переночевали, а утром двинулись в путь. На улице за ночь выпал снег, что в первый раз на моей памяти случилось в мае, и фрукты, которые мы брали с собой немного подмерзли. К обеду лучи весеннего солнца растопили снег, и мы опять поехали глухой дорогой. Наш путь пролег через гористую местность.

Село Маловодное

К обеду лучи весеннего солнца растопили снег, и мы вновь вышли на окольную дорогу. Наш путь проходил через гористую местность, и проезжая по узкой тропе мы увидели убитого человека.

В то время некоторые люди говорили, что милиция специально устраивала беспорядки и убивала людей, несогласных с политикой партии, но я не считаю, что это убийство было их рук делом. Милиционеры только по предписанию власти арестовывали людей и отправляли в ссылки, выдвигая обвинения по сфабрикованным делам. А тот человек, которого мы видели на тропе, скорее всего умер, упав с лошади. Я так подумал, потому что вокруг него были разбросаны дорожные мешки, которые путники перевешивали через коней.

Село Маловодное

Следующей нашей остановкой стало небольшое село Маловодное, в котором жили братья моей мамы по фамилии Ушаковы. Оно располагалось в сорока километрах от Чилика. Не доезжая до деревни, мы выехали на большую дорогу. Погони, которой мы так боялись в начале пути, за нами не было.

Позже я узнал, что, когда председателю доложили о моем отъезде, он, подождав пару дней пошел в совет, где ему ответили: «Ну и пусть, наша цель – избавить села от кулаков, уехали сами

– их дело».

При коммунистической партии всех людей с большим хозяйством совет комиссаров считал кулаками, хотя в начале кулаками называли лишь очень богатых людей, эксплуатирующих батраков и бедняков. Репрессии 1921 года и правда, в основном коснулись очень богатых людей, но таких зажиточных оказалось совсем немного, и вскоре к кулакам начали приравнивать людей среднего достатка и даже некоторых бедняков.

Итак, мы приехали в Маловодное и остановились у моего дяди – маминого брата Василия Ушакова. Мы рассказали ему о том, что вся наша семья назначена на выселение и объяснили ему свой план. Он не пытался нас переубедить.

Холодным утром следующего дня мы выехали от моего дяди и направились на базар, чтобы запастись кормом для нашей лошади. Закупившись всем необходимым, мы снова двинулись в путь.

Алма-Ата

За время дороги мы очень проголодались, и я решил приготовить нам небольшой обед. С собой у нас было ведро, в которое я набрал воды. Затем я собрал дрова и разжег костер над которым и повесил ведро. Когда вода стала закипать, я положил в нее несколько ложек сала, две ложки меда, щепотку соли и толченные сухари (мы специально растолкли сухари перед поездкой, чтобы в мешок больше поместилось). Этот обед из сала и сухарей в тот момент показался нам очень вкусным. И мы продолжили путь.

Сделав еще одну небольшую остановку у наших дальних родственников по фамилии Мирошниченко, мы доехали до Алма-Аты. В общей сложности наш путь от Чилика до Алма-Аты занял 3 дня.

Приехав в Алма-Аты, мы сразу отправились к своим знакомым. Они радушно пригласили нас в дом, расположенный на окраине города недалеко от гор. Сколько времени мы провели в Алма-Ате я уже точно и не вспомню, скорее всего около недели.

Остановившись, мы долго размышляли над тем, куда ехать дальше. Обстановка в городе была очень тяжелой. Несмотря на то, что в этом году был хороший урожай пшеницы, муки на базаре на всех не хватало. Торговцы выносили лишь по 16 кг и делили их между несколькими семьями. Ситуация была тяжелая, и я понимал, что нужно как можно быстрее что-то решать.

Вокзал в Алма-Ате – 30-е г

Область, не тронутая Советской властью

За ту неделю, которую мы провели в Алма-Ате, я встречал разных людей. На базаре многие говорили о том, что в Сибири до сих пор хлеб вольно продают в большом количестве, и что репрессий в Сибирском округе практически нет.

Вообще советская власть никогда не внедряла суровые ограничения по всему Советскому Союзу одновременно, она вводила лишь локальные меры. Я даже как-то слышал, что и репрессии чека не во всех областях были. А в конце 20-х годов, когда у власти укрепился Сталин, наши окрестности одни из первых попали под его нажим, и люди не знали куда деваться от репрессий, которые так или иначе коснулись каждую семью.

Арестанты

В скором времени я начал все чаще слышать разговоры о том, что советская власть практически не тронула Сибирскую область, и немного поразмыслив, я решил перевезти свою семью в Сибирь.

Самый ближайший сибирский город Семипалатинск располагался сразу за рекой Иртыш в 622 милях от Алма-Аты. Тем более при царе Николае уже была проложена железная дорога, следовавшая по маршруту Туркестан-Сибирь. Вообще раньше Туркестаном называли всю территорию Казахстана, Узбекистана, Туркестана и Киргизии.

Арестанты

Когда мы приняли решение о переезде в Сибирь, мне нужно было встретиться с некоторыми людьми, и кое-что купить на базаре. И вот, однажды, когда я шел по своим делам, я увидел на улице работавших арестантов.

Улицы Алма-Аты были выложены плоскими камнями, а вокруг лежало много больших булыжников, дороги были еще не восстановлены после страшного наводнения 1921 года. Арестанты, которых я встретил, расчищали улицы, строили тротуары и восстанавливали городскую канализацию.

Ист.справка. В 1921 году грязекаменный поток разрушил или значительно повредил 147 жилых домов, 177 хозяйственных построек, 18 мельниц торгово-промышленного свойства, кожевенный и пивоваренный заводы, табачную фабрику, другие предприятия. Пропало без вести свыше 500 горожан, было опознано 140 трупов (из них — 63 детских), насчитали 80 тяжело раненных. Число пострадавших достигло более трёх тысяч жителей.

Я заинтересовался работой арестантов и начал вглядываться в их лица. Среди арестантов я узнал своего отца. Сразу же я подбежал к нему, хоть нам и не дали много поговорить, я вкратце рассказал ему, что я решил бежать от ссылки, что мы не смогли уговорить мать ехать с нами, что она плакала, но отказалась уезжать, потому что не хочет покидать родные края и потому что «столько труда было в хозяйство вложено. Это все нельзя бросать».

Я сказал отцу, что намерен ехать в Сибирь и он дал согласие. Он назвал мою идею хорошей, потому что здесь рано или поздно нас могли поймать по доносу кого-то из знакомых. Мы не успели нормально попрощаться и к нам подошел часовой, предупредив, что свободные граждане не должны общаться с арестантами, и я отправился дальше готовиться к отъезду.

Центр Алма-Аты

Станция Алма-Ата

Перед отъездом в Алма-Ате мы продали все лишнее, в том числе и лошадей, но у нас все равно оставалось порядочно вещей. Самым тяжелым у нас был мешок с сухарями. Вместе с нами в

Сибирь поехал и брат отца Григорий. У него с собой практически не было вещей, и он нес часть наших.

До железнодорожной станции от Алма-Аты было всего семь километров. От этой станции до Сибири вела всего одна железнодорожная ветка, на которой мы и должны были приобрести билеты. Мы приехали на станцию, но получить билет нам не удавалось, несмотря на то что у меня были деньги. О помощи я попросил носильщиков, которые в то время заботились о багаже и оказывали содействие в приобретении билетов. Я обещал хорошо заплатить даже больше, чем полагалось за возможность добраться до Сибири. Тогда ко мне подошел один из носильщиков, он взял деньги и отправился за билетом, но к вечеру вернулся, и сказав, что не смог достать проездной на эту ветку, отдал деньги.

Железнодорожная станция в Алма-Ате

Загвоздка при покупке билетов была в том, что в то время на поездах перемещалось очень много партийных работников и большинство мест в поездах были забронированы заранее. Купе в поездах резервировали тогда на весь маршрут. Например, если госслужащему надо было доехать от Семипалатинска до Москвы, то ему бронировали целое купе на все время следования поезда от Алма-Аты до Сибири. В какой-то момент мне показалось, что билеты в принципе невозможно достать, но мой дядя Григорий предложил еще немного подождать. В итоге мы провели на станции целых три дня. В какой-то момент мы даже думали как-нибудь пробраться в грузовой вагон, но наши попытки не увенчались успехом – на железной дороге был очень строгий порядок. Все служащие четко исполняли свою работу и следили за тем, чтобы все работало исправно и без нарушений.

Некоторые думают, что при советской власти везде были беспорядки, но это совсем не так. Коммунисты строго следили за дисциплиной, и я думаю это и принесло им в свое время победу над белой армией.

На четвертый день нашего пребывания на станции мы вышли с нашим багажом в руках к платформе прогуляться, в надежде, что вдруг удастся попасть в вагон или найти билет. Обычно на перроне у каждого входа стояли проводники, не пускавшие незарегистрированных пассажиров, но нам повезло одна из проводниц куда-то отлучилась, и мы все вместе успели попасть в вагон.

Алма-Ата - Илийская

В нашем вагоне было очень много людей. Практически все места были заняты, и мы не знали куда нам пристроиться. Многие пассажиры косо смотрели на нас из-за того, что мы

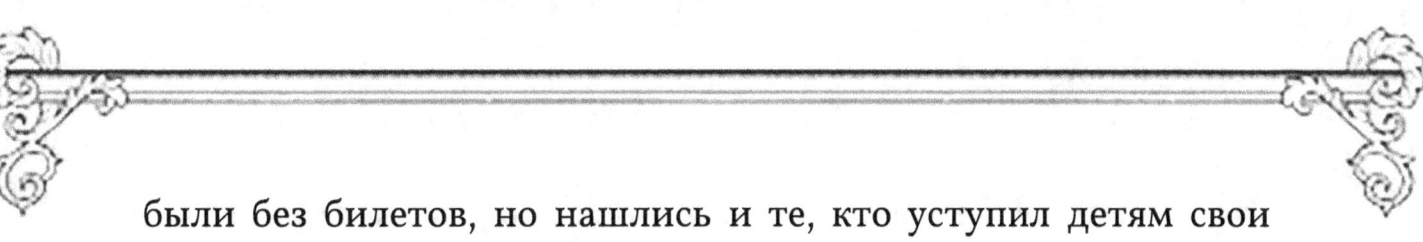

были без билетов, но нашлись и те, кто уступил детям свои койки. Мы устроили детей и положили к ним наш багаж, а сами разместились на полу. Так мы проехали всего несколько часов, а потом я услышал, что в наш вагон зашли контролеры.

В тот момент мне в голову закралась странная мысль. Я подумал, что может быть мне стоит спрятаться в уборную и переждать проверку там, ведь проводники ничего не смогут взять с женщины с малолетними детьми. Но я отбросил эту идею, подумав о том, как много будет слез и переживаний у моей семьи, если я так поступлю.

Я вышел из уборной и ко мне подошел контролер. Он попросил предъявить билеты, на что я ответил, что у меня их нет. Тогда он спросил, почему же мы сели в поезд, не купив билеты, и я честно рассказал, что мы три дня сидели на станции и не могли добиться билетов. Кондуктор пристыдил меня и предупредил, что высадит нашу семью на ближайшей станции.

Станция, на которой мы были вынуждены сойти называлась Илийская, потомучто она располагалась близ реки Или. Это была очень маленькая платформа, славившаяся своими сильными ветрами. Илийская находилась в 40 милях от Алма-Аты.

Прячась от сильного ветра, мы зашли в привокзальное здание и начали планировать наши дальнейшие действия. Мы были очень расстроены и не знали, как нам правильно поступить.

Неожиданная встреча

Около часа мы провели на станции, погрузившись в раздумья. Мы были настолько растеряны, что даже не обратили внимания как к нам подошел молодой человек небольшого роста и почти без багажа. Он спросил у нас куда мы едем. И я рассказал ему, что мы направляемся в Семипалатинск*, но у нас нет билетов, и мы не знаем как их достать.

Услышав это, парень улыбнулся и сказал, что без проблем поможет нам приобрести проездные. Наш новый знакомый оказался так называемым мешочником**, он промышлял тем, что покупал два-три больших мешка муки, и вез ее на продажу в другие регионы. Несмотря на то, что мешочники работали нелегально, их никто не ловил, потому что во многих отдаленных областях нужна была мука. Наш новый знакомый пообещал нам с утра достать билеты в Семипалатинск, и мы отдали ему наши деньги. Я не побоялся доверить ему наши сбережения, наверное, потому что всегда отличался излишней доверчивостью, а этот парень был очень открытым и дружелюбным по отношению к нам. Хотя в то время, насколько я знаю, уже было много жуликов.

На рассвете мы уже получили заветные билеты. Наша дорога до Семипалатинска прошла спокойно и без приключений.

---

* *Семипалатинск - город на границе Павлодарской, Карагандинской и Восточно-Казахстанской областей, расположенный на левом берегу реки Иртыш.*

** *Мешочник — человек, который занимается скупкой, перевозкой вручную и продажей каких-нибудь товаров. Название происходит от слова «мешок», который использовался для перевозки товаров.*

Вагоны поездов – 30-е г.»

Чудо в Семипалатинске

Приехав в Семипалатинск, первым делом мы отправились на собрание местных баптистов – знакомых Григория. Одни из верующих пригласили нас остановиться у себя. Это был небольшой домик, в котором жили две молодые семьи. В нем мы провели всего одну ночь, потому что для трех семей с детьми там было очень мало места, и мы решили не стеснять хозяев.

Отправившись на поиски жилья, я познакомился с пожилой семейной парой, у которой был свой частный дом со двором. Они выделили нам небольшую студию. После того как мы отдохнули, к нам подошел хозяин дома и сказал, что мы должны зарегистрироваться в городском отделе, иначе у него могут

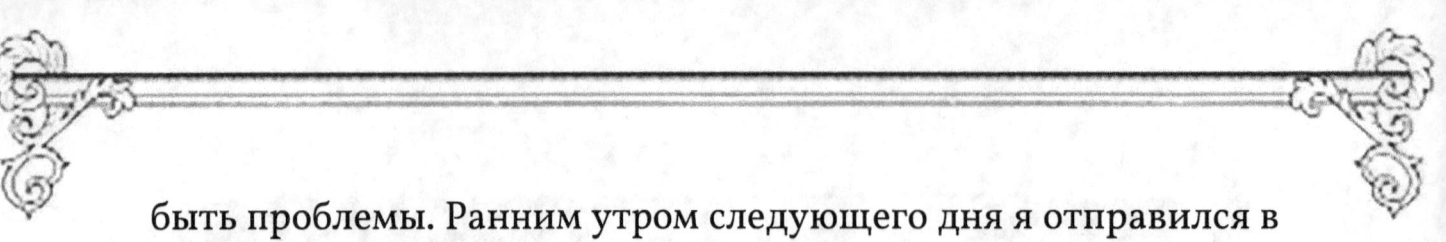

быть проблемы. Ранним утром следующего дня я отправился в администрацию.

Я взял с собой в городской отдел справку от Сельсовета и свой единственный документ - военный билет, который мне выдали, когда я не прошел по состоянию здоровья комиссию при призыве в Красную армию и где было указано, что в случае войны я буду годен к строевой службе. Также в моем военном билете была записана информация обо всех членах моей семьи. Приехав в администрацию, я увидел огромную очередь из людей, которые, как и я, ожидали приема в паспортном столе. Так я узнал, что в городах началась паспортизация.

Нужно отметить, что пока не началась паспортизация, люди свободно перемещались по стране, а когда в 1933 году комиссары насильно провели перепись по селам и деревням какие-либо переезды стали очень затруднительны.

И вот я оказался в очереди за паспортами. По закону паспортизация стала обязательной для всех граждан. Когда подошла моя очередь, девушка-паспортистка попросила меня дать ей мои документы, я передал ей военный билет и справку из сельсовета, из-за которой я очень беспокоился, ведь она была ненастоящей. Это был документ, выданный сельсоветом о том, что я не был в списках на выселение и не был задержан. Паспортистка приняла мои документы и сказала прийти завтра. Когда я пришел домой, я рассказал обо всем жене. Вместе мы очень переживали и целую ночь молились о благополучном исходе дела.

Следующим утром я отправился в администрацию. На мое удивление, девушка-паспортистка вернула мой военный билет и выдала мне бессрочный паспорт. Это было настоящее чудо.

Тогда жителям Советского Союза начали выдавать паспорта без

срока, то есть на всю жизнь. По паспорту я зарегистрировался в городском отделе и стал свободным гражданином Семипалатинска.

Новое ремесло

Получив паспорт гражданина Советского Союза, я стал искать работу. Выбирая новое ремесло, я задумался о профессии фотографа, хотя раньше я ни разу не держал в руках фотоаппарат и не занимался фотографией, но у меня был знакомый, который неплохо зарабатывал на этом деле, позже он и познакомил меня с азбукой фотографии. На улицах Семипалатинска я увидел много людей, стоящих в очередях к фотографу, выдававшему снимки.

Я быстро освоил фотоаппарат, приобрел все необходимые для этого ремесла принадлежности и решил поехать по ближайшим селам и деревням, предлагая свои услуги на собраниях в сельсоветах. Вскоре я встретил человека, продавшего в городе муку и собиравшегося обратно в свое село, я познакомился с ним и предложил доехать до его деревни вместе. Он согласился подвезти меня и мою семью. У него была большая бричка, запряженная парой молодых лошадей. По приезду он предложил нам расположиться в его доме, пока мы не найдем подходящее жилье.

Лаптево

Село, в которое мы приехали, называлось Лаптево и находилось в семи километрах от Семипалатинска. Это была достаточно большая деревня.

Семипалатинск

С самого утра я направился в сельсовет. У меня уже были хорошие документы, и председатель радушно встретил меня. Я сказал ему, что приехал по работе – фотографировать всех желающих. Работники сельсовета записали мою информацию, и я начал работу. Первую фотосессию в этой деревни я сделал для супруги моего нового товарища и их взрослой дочери. Люди, узнав, что в село приехал фотограф выстраивались в очередь и платили за съемку кто чем мог: кто-то платил курицей, кто-то яйцами, кто-то салом, некоторые деньгами, но таких было очень мало. В общем все шло неплохо.

В Лаптево я прожил около месяца, и когда стало меньше заказов, я, оставив семью в селе, отправился в соседние деревни. Лаптево и окрестности, как и вся западная Сибирь, славились могучими лесополосами и обширными степями. На степных полосах местные земледельцы сеяли в основном пшеницу, а овощи здесь не приживались из-за сильных заморозков. Бедные женщины особенно мучились, высаживая помидоры для своей семьи, потому что хороший урожай всходил очень редко.

Многие окрестные села находились в сосновых борах, а некоторые прямо в степи. В селах, расположенных в лесополосах, в основном, жили, как их в то время там называли, «старые сибиряки». Это были потомки тех ссыльных, которых отправляли в Сибирь еще в царские времена. У них был свой говор и уже сложились даже свои традиции.

От «старых сибиряков» я немного узнал и о судьбах ссыльных. Вольное поселение в советские времена подразумевало под собой то, что репрессированные должны осваивать новые территории и сами строить себе жилища. Людей же, которых отправляли в ссылки в Сибирь при царе, закрепляли за заранее оговоренным селом, там с них брали подписку о невыезде. Это была временная мера и спустя 5-7 лет ссыльный, который хотел вернуться домой или переехать в другое село, мог похлопотать и получить амнистию.

Также во время ссылки, репрессированные в наказание за совершение тяжелых преступлений должны были строить острог. В то время острогом называли участок земли, огороженный высокими бревнами в два-три ряда. По описаниям современников, в том числе и Ф.М. Достоевского, в острогах находились в основном убийцы. Проведя в остроге время заключения, они выходили и даже обзаводились семьями. Учителями в Сибири работали очень образованные люди, приезжавшие из отдаленных регионов. Их очень радушно встречали и помогали им всем необходимым. Вообще сибиряки были очень гостеприимным и открытым народом.

Я начал много ездить по окрестным деревням и фотографировать местных жителей, однажды даже меня пригласили делать фотографии в городской округ, дорога в который лежала через горы, но, к сожалению, та работа мне не удалась.

Вернувшись в Лаптево, мы решили переехать в другое место. Нам порекомендовали большое районное село Круглое, которое находилось в пятидесяти километрах от Лаптево. Это была действительно очень хорошая деревня, где жили добрые и работящие русские люди. Многим окрестным поселениям удалось избегать репрессий вплоть до Второй Мировой Войны.

Село Круглое

В селе Круглое нас пустили в первый же дом, и мы очень подружились с его хозяевами. Зарегистрировавшись в сельсовете как фотограф, я начал получать много заказов. Дочка хозяев дома, в котором мы жили, девочка лет 11-12, стала помогать мне фотографировать – она подавала необходимое оборудование для съемки и объясняла людям, как правильно фотографироваться. Мы с ней отлично ладили.

Вскоре мы стали в Круглом «своими». Немного позже мы узнали, что люди, приютившие нас – одни из самых зажиточных сельчан. Тогда я спросил у хозяина дома, не боится ли он репрессий, на что он ответил, что ссылки его скорее всего не коснуться, потому что он единственный кузнец в округе, а как известно, кузнец – непременно нужен любому колхозу. У наших новых друзей мы жили очень хорошо, мы стали, как родные братья и сестры. Но, к сожалению, верующих ни в Круглом, ни в Лаптево не было.

В то время православные церкви по всему Советскому Союзу принудительно закрывали и церкви в этих селах уже не работали. Но по вечерами после работы мы часто говорили с хозяевами и соседями о Слове Божьем, о Евангелии, а к нашему пению часто присоединялись молодые девушки. Им казалось, что наши песни особенные. Окружающие сильно удивлялись, услышав, как мы поем, ведь они совсем не знали Слово Божье. Позднее я, конечно, очень жалел, что мало проповедовал и свидетельствовал в сибирских селах.

Жители сибирских сёл – 30-е г.

В общем в селах Круглое и Лаптево мы прожили целое лето 1931 года. Один раз я даже ездил за материалами для фотосъемки и мешком муки в Рубцовск, находящийся в 150 километрах от Семипалатинска. В то время с мукой в деревнях было тяжело, хотя в городах тайно продавали муку именно сельчане, которые скрывали от соседей излишки. Однако таких торговцев никто не ловил, потому что город сильно нуждался в муке.

Несмотря на то, что это лето в Сибири было засушливым, никто не голодал, но к моменту нашего отъезда из-за неурожайного года уже начали закрываться зерновые лавки. Как только люди поняли, что собственных запасов может не хватить, с рынка сразу пропала вся мука.

Прожив лето в Сибири, мы приняли решение отправиться обратно в Алма-Ату. Мы наняли человека, и он привез нас на станцию железной дороги в Рубцовск.

Уштобе

Осенью 1931 года мы приехали на железнодорожную станцию, предварительно запасшись сухарями, оставшимися у нас еще с того момента, как мы покинули родной дом. Их у нас было достаточно много, потому что в селах мы их не ели и хранили в сухих погребах. На станции было много людей, потому что в Сибири предвиделся голод, и все приезжие пытались быстрее разъехаться в родные регионы.

Мы сели в поезд и поехали в сторону Алма-Аты. Мы высадились на станции Уштобе, недалеко от села Гавриловка (ныне это административный центр Алмаатинской области Казахстана, переименованный в Талды-Курган). Эта деревня располагалась в трехстах километрах севернее Алма-Аты в степи среди пустыни и недалеко от озера Балхаш. Позднее на другой стороне этого озера был построен город Караганда.

Мы вышли из поезда, и я отправился искать, человека, который бы довез нас до Гавриловки. Это было не сложно, ведь в тот год в Талды-Кургане хорошо уродились арбузы, и местные земледельцы продавали их на станции. Я подошел к одному из торговцев, и он с радостью согласился довезти нас до Гавриловки.

На станции в это время моя жена раздавала сухари детям в оборванной одежде, которые тянули руки и просили немножко хлеба. С нанятым мною человеком мы погрузили наши вещи в его бричку и отправились в Гавриловку. Это было раннее утро. По дороге я спросил у нашего извозчика, откуда эти дети и почему они так плохо одеты, на что он ответил, что это дети ссыльных, живших в местном лагере.

Около кургана была речка Аксу, название которой означало «белая вода». Потоки Аксу начинались в горах и текли по направлению к железной дороге. Местные власти решили вывести речной канал, чтобы оросить часть засушливой земли. Для реализации этой задачи в поселение близ Гавриловки пригнали ссыльных и оставили их в пустыне копать себе землянки. Дети же ссыльных, чтобы добыть себе пропитание часто бегали на станцию и просили у приезжих хлеба или сухарей. Иногда торговцы из Талды-Кургана даже угощали их кусочками арбуза, и они съедали их вместе с корками.

Фотоаппараты – 30-е г.

Страшная дорога

По пути к Гавриловке я увидел, как ссыльные копают канал. Я присмотрелся и попросил извозчика приостановиться. Он остановил лошадь и сделал вид, как будто снова ее запрягает, а я подошел к тому месту, где ссыльные прокладывали траншеи. Минуты две-три я стоял и смотрел на этих людей: это были мужчины и женщины разных возрастов, работающие в очень тяжелых условиях. Мужчины копали землю, а женщины вывозили ее с канала.

Вольное поселение в Сибири – 30-е г.»

То, что я увидел называлось вольное поселение. Этих несчастных забросили в пустыню, и они были вынуждены трудиться под надзором часового на сильнейшем солнцепеке. Запасы еды, которые успевали взять с собой ссыльные, быстро истощались. Вскоре часовой заметил меня и сказал, что здесь стоять нельзя, и я отправился к нашей бричке.

Проезжая дальше по дороге мы увидели движущийся нам на встречу фургон. Это была большая редкость. Фургонами в то время называли большие брички с огромными стропилами. Я спросил нашего извозчика, чем нагружен этот фургон, но он порекомендовал мне присмотреться самому. Я начал вглядываться и понял, что фургон куда-то перевозит мертвых людей. Позже мой новый знакомый рассказал мне, что каждый день такие фургоны в лагерях нагружают умершими ссыльными и везут подальше от поселения в специальные ямы, подготовленные для трупов репрессированных. Наш извозчик объяснил мне, что, к сожалению, это обычная практика, потому что в лагерях очень часто умирали старики и дети. Ведь в ссылках кормили только тех, кто отрабатывал дневную норму, а дети и старики не могли так много работать. Но даже той еды, которую давали работящим для взрослого человека было мало и очень много ссыльных в те времена умирали от голода и от болезней.

Талды-Курган

В Талды-Курган мы приехали уже днем в воскресенье. Раньше это было большое село, а потом оно даже получило статус города. Нашей первой остановкой стал базар. Там, познакомившись с местными, я попытался разузнать, где в Гавриловке находится собрание евангельских христиан-баптистов. Это не заняло много времени, и я оставив жену с детьми на базаре, отправился на собрание. Когда я пришел туда, меня сразу же спросили верующий ли я и предложили рассказать свое свидетельство. Я рассказал им свою историю и ко мне подошла одна старушка и спросила: «А ты случайно не Локтев?». Я обрадовался и сказал, что это моя фамилия и спросил откуда она меня знает, на что она ответила, что знала отца моего Терентия, когда он был еще совсем молодым. На этом же собрании я встретил своих дальних родственников, у которых мы и остановились на 10 дней.

Глядя на жизнь в Гавриловке, для меня было очень удивительно, то что всего в 30 километрах от этого большого и достаточно богатого села, ссыльные в пустыне умирают от голода. Курганские жители ели хороший хлеб и ни в чем не нуждались. Вообще после того, как я увидел страдания ссыльных и несчастных детей на станции, я решил ехать по направлению к китайской границе. Запасшись мукой и необходимыми продуктами, мы снова отправились в путь. Нашей следующей остановкой стал город Джаркент (в советские времена этот город назывался Панфилов, а сейчас его переименовали в Жаркент), находившийся в тридцати километрах от Китая.

ЖИЗНЬ В КИТАЕ

В Китае было много беженцев из Советского Союза. Иммиграция в Китай началась в 1928 году, когда в советских деревнях и городах начала действовать ЧК. С новыми репрессиями поток беженцев только увеличивался.

Среди наших эмигрантов было много слесарей, плотников, кузнецов, швей и других мастеров. Самые удачливые мастера открывали свои мастерские и брали в подмастерья молодых людей. В Китае каждый мог найти себе ремесло.

Джаркент

Джаркент оказался полупустым и даже можно сказать полузаброшенным городом, потому что большая часть местного населения после революции эмигрировала в Китай. Это был очень красивый город с хорошими огородами и уютными домами.

Переправа в Джаркент

Когда мы жили в Сибири, я очень часто отправлял письма своим родным. Как я рассказывал раньше, моя мама не хотела покидать родное село, но после того, как я уехал, Ефим - муж нашей Маруси, смог уговорить маму переехать в Алма-Ату. Это случилось потому, что через месяц после моего отъезда начались массовые высылки из села. А так как Ефим был партийным человеком, он смог объяснить матери насколько опасным может быть вольное поселение и посодействовать в переезде.

Когда я приехал в Джаркент, я написал родным, что держу путь в село Широкино, чтобы в случае, если мое письмо попадет не в те руки, советская власть не могла меня задержать. На самом же деле мои родные знали, что я еду в Китай.

Приехав в Джаркент, я отправился на базар фотографировать людей. Вскоре ко мне начала выстраиваться очередь, однажды под вечер даже приехали пограничники, желавшие сделать снимок на коне. Так мы прожили несколько месяцев, пока наши родные не приехали к нам.

Отъезд

В Джаркенте, располагающимся в двухстах километрах от Алма-Аты, к нам присоединились Кузнецовы (Маруся с Ефимом) и мама с моими братьями Иосифом и Михаилом. Отец к тому времени уже умер, у него была серьезная болезнь, связанная с желудком, которая лишь усугубилась за время, проведенное в тюремном заключении.

В общем мы все вместе стали собираться к переезду заграницу. На улице стояла глубокая осень и уже начались первые заморозки. Мы купили лошадей для каждого взрослого и подростка, на тот момент у меня было много денег, которые я накопил, работая фотографом. (В те времена люди очень любили сниматься, это было для них в новинку).

Также в Джаркенте мы наняли проводника, который уже перевел через границу многих наших соотечественников. Проводники набирали группу людей и помогали им добраться до города-убежища в Китае, где позже китайцы регистрировали семьи беженцев. Так как мы поехали на конях за одну ночь нам удавалось преодолевать по 7-8 километров.

Китайская граница

Вблизи границы заморозков не было, там располагалась песчаная пустыня. Весь путь мы проехали строем по одному. Через некоторое время мы подъехали к киргизским аулам и оттуда продолжали наш путь лишь под покровом ночи, чтобы не попасться на глаза пограничникам или грабителям.

Переправа

Сначала наша дорога проходила вдоль реки Или, а потом мы ехали через засеянные поля, а дальше наш путь лежал через горы. Горная переправа была вымощена досками, не внушавшими доверия, и лошади боялись на нее ступать, с другой же стороны был глубокий обрыв проехать через который было невозможно. Мы стали наблюдать как киргизыконтрабандисты преодолевают переправу и увидели, что они отправляют одну лошадь вперед и сильно бьют ее, чтобы она шла. Попробовав сами провести лошадей через переправу мы поняли, что у нас нет другого выхода, кроме того, как попросить киргизов помочь нам с переходом.

Я, везя полуторагодовалую Лиду на руках, поехал за вожаком, но моя лошадь упорно не слушалась, и когда киргизы ударили мою лошадь, она дернулась, и Лида выскользнула у меня из рук прямо под ноги к лошадям. К моему удивлению, лошади аккуратно переступали через Лиду, боясь ее задеть. Как переправа была пройдена я поднял Лиду, и мы поехали дальше.

Китайская деревня

До границы оставалось чуть больше половины пути. Дальнейшая наша дорога лежала через песчаные дюны, но несмотря на пески и сильный ветер наши лошади двигались достаточно быстро. Вскоре мы подъехали к границе и остановились у небольшого котлована, где лежал снежок и рос камыш. Перед нами открывалась долина с небольшой речкой, которая и обозначала границу.

Граница

Время близилось к рассвету и наши проводники решили проверить обстановку, они выглянули из камышей и вдалеке увидели пограничника. Они сказали нам расседлать коней и привязать их на пригорке со старой травой у небольшого ручейка.

У котлована было очень холодно, но взошедшее солнце согрело нас своими лучами. Я сейчас думаю, что очень хорошо, что в то время не было самолетов, ведь тогда бы нас очень быстро заметили. На следующий день мы тоже не решились ехать, потому что пограничники были слишком близко. Нам показалось, что солдаты ждали какой-то экипаж, потому что они никуда не отлучались со своих постов.

Но на следующий день луна поднялась высоко и наш проводник дал команду готовиться к выезду. Мы очень быстро собрались и погнали лошадей к границе. Тех коней, которые отставали, нам приходилось бить плетями. Мы перешли границу за одну ночь, я до сих пор помню, как сильно тогда лил дождь. Наш путь лежал через несколько ручьев, покрытых льдом, которые перед переездом приходилось проверять. В какой-то момент с моей лошади упал вьюк (сумка с возможностью крепления на спине вьючного животного) и мне пришлось остановиться, потому что нужно было вновь все привязывать.

Китайский пограничный пост – 30-е г.

Рассветало. И вдруг наши проводники решили сбежать, а с моей лошади спало седло, и я, вскочив на свободную лошадь, поскакал за ними. Мой конь был очень быстрый и я в миг преградил им дорогу. Остановив их, я им сказал, что если они нам не помогут, то я поеду к ближайшему посту и донесу на них. Подумав, наши проводники вернулись, и мы поехали дальше. Так мы доехали до китайского городка, расположенного рядом с корейскими аулами.

Первая остановка в Китае

Местные мужики помогли нам расседлать лошадей, а проводники тем временем уехали в какое-то ущелье. У местных сельчан к нам особых вопросов не возникало, они уже привыкли к беженцам, но, так как они очень боялись за свою безопасность, то попросили нас не собираться большими группами.

Когда встало солнце мы с Кузнецовым Ефимом отправились на базар за хлебом. Еще за несколько метров до хлебной лавки мы почувствовали запах свежих булочек, и отоварившись на советские рубли, стали возвращаться домой. По пути мы встретили одну женщину, которая, увидев, что мы приехали совсем недавно, дала нам дельный совет. Она сказала, чтобы мы не покупали здесь продукты на советские деньги, потому что в этих краях были люди, которые доносили партийному правительству о вновь прибывших, после чего беженцев ловили и отправляли назад. В этот же день мы обменяли наши советские рубли на китайские деньги.

От нашего базара, китайский рынок сильно отличался. Здесь было очень много крытых лавок, в которых можно было купить муку, хлеб, а иногда даже мясо. На местном базаре мы встретили одного человека, который, познакомившись с нами, пригласил нас в гости. В его доме были небольшие, но хорошо оформленные комнаты, а в его зале стояла железная печка. Мы расположились в гостиной и начали пить чай. Во время беседы этот человек сказал нам, что если мы хотим остаться в Китае, то нам лучше двигаться в более крупный город. Он пообещал помочь нам с переездом.

Кокдала

Наш новый знакомый оказался контрабандистом и пообещал помочь нам проехать в глубь Китая, при условии, что мы посодействуем ему в перевозке рыбы. Обсудив некоторые детали и взвесив все риски, мы согласились помочь. Уже в сумерках мы начали проходить через китайские пограничные посты. Город Кокдала, в который мы ехали, был окружен высокими стенами, как и все большие города Китая, изначально построенные в качестве крепостей. Ворота таких городов всегда охранялись военными. Мы дождались смены караула и проскочили в город. Контрабандист, с которым мы познакомились на базаре, встретил нас уже в городе и привел нам наших лошадей. Мы сели на лошадей и поехали в дом к нашему новому знакомому. Он спросил, как прошло наше путешествие, и мы немного поговорили. К счастью, язык таранчей, который я хорошо выучил, живя в Казахстане, был очень похож на уйгурский – язык местного населения.

В Кокдале было очень много мужчин-уйгуров, занимающихся контрабандой. Они вывозили множество товаров из Китая в приграничные советские города. Контрабандисты везли все, что в Китае стоило не очень дорого, например, такие ценные продукты как коровье мясо или сало. Здесь это было дёшево совсем, а в советских городах люди платили за эти продукты огромные деньги. Также контрабандисты перевозили через границу масло и муку, которые были в дефиците.

Приехав в Кокдалу, мы остановились у уйгуров на целых два дня. В ночь, во время которой мы прибыли в этот город, шел сильный снег и было очень холодно. Утром все дороги были покрыты сугробами примерно в пол фута высотой. Дети очень сильно замерзли тогда. Когда мы приехали к нашему новому знакомому он выделил нам большую гостиную с красивым ковром. Этот ковер лежал на небольшой надстройке, которая была на полтора фунта выше пола в гостиной. Мы легли спать на этот ковер, дети уснули очень быстро. Это был очень необычный для наших людей, но очень уютный дом.

Добрый совет

Швейная машинка – 30-е г

Вдоволь отдохнув и распланировав наши дальнейшие действия, мы стали собираться в путь. Перед нашим отъездом, приютивший нас наш новый знакомый, дал нам еще один очень важный совет, который вскоре нам пригодился. Он предупредил, что если у нас есть ценные вещи, то нам необходимо получить на них специальные документы, которые смогут подтвердить, что эти вещи появились у нас легальным путем. Также в отделе, занимавшемся оформлением документов о собственности, была возможность оставить вещи на хранение. Наш новый знакомый даже предложил нам вместе съездить в этот отдел. Это было нам на руку, потому что у нас были очень тяжелые вещи. Например, у нас было две швейных машины – одна наша, другая Кузнецовых.

Тяжелые вещи мы решили заложить. Служащий описал наше имущество и спросил нас о том, как эти вещи попали к нам. Мы не смогли предоставить квитанций и нас с Кузнецовым заперли в комнату дожидаться хозяина этой лавки. Он приехал достаточно быстро и, поговорив с нами, выдал нам необходимые документы и отпустил нас. За его услуги мы, по-моему, что-то ему даже подарили.

И вот мы снова начали собираться в путь. В проводники мы выбрали казаха, который уже долгое время жил в Китае. Он повез нас глухой дорогой, до следующего города нам нужно было проехать 40 километров.

Встреча с разбойниками

Мы выехали на рассвете. Дорога была спокойной, но когда мы проехали половину пути, нас остановил отряд вооруженных людей. Я сразу понял, что это были не военные китайцы, а обыкновенные разбойники с ружьями. В Китае вообще оружие можно было приобрести достаточно просто.

Разбойники приказали нам остановиться, и мы были вынуждены выполнить их требование, ведь в случае чего мы даже не могли дать им отпор. Первым делом разбойники начали обыск наших вещей, но ничего ценного ни у нас, ни у Кузнецовых не было. Единственным, что им приглянулось, стали новые ботинки Ефима, но покрутив их пару минут в руках, разбойники бросили ботинки на землю. Через некоторое время они заметили у нас несколько банок тушенки и забрали их. Немного погодя я отдал им 30 советских рублей и разбойники, поняв, что больше с нас брать нечего, отпустили нас. Мы сели на коней и поехали дальше. На рассвете мы прибыли в следующий город, который находился в сорока километрах от границы. Наш проводник в этом городе имел много знакомых. Он постучал в ворота и ему их открыли, вскоре мы заехали в город. Часовых у стены я не увидел.

Дом офицера Голикова

Офицеры белой армии

В этом городе жил старый отставной офицер белой армии Голиков, эмигрировавший в Китай после революции. Со своей семьей он жил в большом доме на улице, где в основном проживали русские эмигранты. Среди китайцев русский офицер пользовался большим уважением. Через некоторое время, после нашего приезда, у Голикова получилось эмигрировать в США. В то время белогвардейцев, бежавших в зарубежные страны, преследовали коммунисты. Партийные комиссары платили огромные деньги людям, которые предательски убивали эмигрировавших в Китай, Японию, европейские страны и даже Аргентину русских офицеров.

В этом городе мы остановились ненадолго, меньше, чем на сутки, и отдохнув в доме Голикова, продолжили наш путь. Местные посоветовали нам открыто поехать по главной дороге, чтобы избежать встреч с бандитами. На тот момент на проселочных тропах было много разбойников, которые останавливали путников и забирали их вещи.

Чтобы обезопасить себя, мы разместили наших женщин и детей в бричке, а сами поехали верхом. Так мы добрались до города Кульджа, который стал убежищем для многих русских. По приезду наш проводник сразу показал нам, где расположены дворы беженцев из Советского Союза. Там в соседних друг от друга домах жило несколько русских семей. Это были очень порядочные люди.

Русские в Китае

В Китае было много беженцев из Советского Союза. Раньше люди бежали до границы разными путями. В Кульджу и другие города, расположенные близ и в республики Синьцзян беженцы ехали тем же маршрутом, что и мы. Но, к сожалению, возможность приобрести коней была далеко не у всех, и люди в холод проходили пешком огромные расстояния. Многие из беженцев не имели даже запасов еды и воды. Кроме провинции Синьцзян люди бежали и в другие места. Например, были те, кто бежал в Чугучак - северный город, расположенный на границе с Алтаем. Туда в основном съезжались староверы. Также много русских осело в городе Харбин и в Шанхае.

Вообще эмиграция в Китай началась с 28-го года, когда в селах и городах начала действовать чека, затем поток беженцев усилился во время репрессий в начале тридцатых годов. А до революции в Китай эмигрировало много белогвардейцев. Войска белой армии отступали севернее реки Унжу, очень близко к городу Чугучак. Во время последних сражений красные осаждали белых уже на территории Китая. Не в силах сдерживать натиск многие офицеры сдались, но были и те, кто сбежал и навсегда остался в Китае. А уже спустя несколько лет сдавшиеся красной армии белые офицеры и солдаты дабы избежать репрессий забрали свои семьи из коммунистической России вернулись в Чугучак.

Также много бежавших из Советского Союза семей осело в Харбине, где в свое время русские по договоренности с китайским правительством проложили железную дорогу. Персонал, обслуживающий пути, тоже по большей части остался жить в Харбине, обучая китайских служащих как правильно работать на железной дороге. В этом небольшом городе было очень много русских. В Харбине даже была открыта специальная школа для русскоязычных детей.

Но в 1932 году Харбин оккупировали японцы и многие русские семьи переехали в Шанхай. Немного оговорюсь, в конце нашего путешествия по Китаю, когда мы переехали в Шанхай, там уже жило более пяти тысяч русских семей, большая часть из которых были приехавшими из Харбина, где в свое время проживало больше пятнадцати тысяч русских. Однако насколько я знаю благодаря советской пропаганде около трети беженцев, живших в Китае, через некоторое время вернулись в Россию.

Кульджа

Приехав в Кульджу мы остановились в доме таранчей, или как их принято было называть в Китае, уйгуров. Как и в Советском Союзе уйгуры были очень гостеприимны – они не только предоставили нам ночлег, но и накормили наших коней. Также они оказали нам большую услугу, когда помогли забрать наши вещи, оставленные на хранение в приграничном городе, и не стали выдавать нас русским, как это часто бывало в те времена.

Основавшись в городе, мы начали искать работу. Я на следующий же день отправился на базар и начал фотографировать. Но это дело не увенчалось успехом, так как на базаре уже фотографировал один татарин по прозвищу Ногай, пользовавшийся большим успехом у местных. Китайцы считали его очень талантливым, и поэтому кроме него практически ни у кого не было заказов. Гуляя по рынку я встретил еще несколько русских фотографов, но у них не было ни успеха, ни репутации. Это объяснялось тем, что у Ногая был не только талант к фотографии, но и очень хороший павильон и высококачественная новая аппаратура, а у других фотографов, как, впрочем, и у меня, весь материал был устаревшим с помощью которого получались менее качественные снимки. По-моему, Ногай даже выписывал для себя материалы через какое-то консульство.

Оценив ситуацию, я понял, что мне нужно искать новое ремесло. Вообще многие русские в Китае работали мастерами.

Работа в Китае

Особенно в цене в то время в Китае были портные. Этим ремеслом занимались как мужчины, так и женщины. Опытные швеи даже открывали специальные школы, где учили портняжному мастерству. Мои сестры тоже обучались в одной из таких школ.

Я думаю, портные были в такой цене, потому что практически в каждом крупном городе Китая были большие советские консульства. Для сравнения скажу: в английском консульстве работал один человек, в американском – семейная пара, а в штате советского представительства служило более 500 человек, приехавших в Китай с семьями. Дети советских консулов учились в городской школе, а родители разведывали обстановку и занимались поиском скрывающихся от репрессий граждан советского союза. Вообще мы называли русское представительство «гнездом шпионов». Все советские консулы и члены их семей нуждались в услугах портных. Они приезжали сюда и на свое достаточно высокое жалование заказывали себе и своим друзьям костюмы и платья. Это было связано с тем, что ткани, даже те, которые были изготовлены в России, в Китае было купить намного проще, чем в Советском Союзе. В общем большинство портных в нашем городе работало на советское консульство.

Также среди русских было много слесарей, плотников, кузнецов, столяров и других дел мастеров. Самые успешные ремесленники в скором времени открывали мастерские и брали к себе молодых ребят на обучение. В Китае все были при деле.

Например, я, когда у меня, как у фотографа, не пошло дело, прошел обучение и занялся чулочным мастерством. У меня была специальная машинка, которую нужно было крутить рукой, а она вязала чулки. Машинку для плетения чулок я купил уже здесь. Я приобретал большими партиями нитки, которые очень хорошо ткали кашгарлыки (один из местных родственных уйгурам народов), и с помощью моей железной помощницы за день вязал от двадцати до тридцати пар чулок. Из-за быстрой вязки, конечно, приходилось чуть больше штопать, но первое время дело шло очень хорошо. Однако, когда Москва узнала, что в Китае есть потребность в чулках, то на рынки начали завозить большие партии дешевых фабричных чулок с петербуржской обувной фабрики «Скороход» и рынок переполнился. Примерно в это же время от «Скорохода» на китайские рынки начали поступать и недорогие ботинки очень хорошего качества.

Для меня было очень странно, что страна, в которой многие граждане, в том числе и дети, ходят босиком, поставляет в соседние государства очень дешево на экспорт обувь в таком большом объеме.

Русские швеи в Китае

Как только на рынке начали появляться фабричные чулки, мое ремесло практически перестало приносить доход. И я, договорившись с Ефимом, решил попробовать себя на новом поприще – мы начали вставлять стекла. Мы купили много специальной китайской бумаги, которая после того, как пропитывается маслом становится клейкой и очень крепкой. У этой бумаги также была очень интересная особенность – она пропускала через себя солнечный свет, но того, что творилось в комнате с улицы не было видно. К тому моменту как мы опробовали свои силы на этой бумаге в моду вошли стекла, и мы начали их вставлять всем желающим. Это был очень даже неплохой заработок, особенно если строилось какое-либо большое здание.

Стекла мы покупали на советском складе, где и перекупщики, которые торговали стеклом в своих лавках. Конечно, помимо стекол перекупщики также закупались и алмазами для их резки, но нам это было не интересно, потому что для нас цена на складе была даже ниже, чем для них. Дело было в том, что мы брали на себя риски и покупали стекло ящиками, а торговцы очень придирчиво разглядывали товар на складах и брали лишь самые хорошие стекла под продажу.

Стекольщиком я работал до отъезда из Кульджи, до 1946-го года. Спустя несколько лет после нашего переезда в Китай, влияние Советского Союза начало ослабевать. Вообще с приходом Чан Кайши к власти торговля с Советским Союзом начала хромать, над Китаем начали летать военные самолеты и аэропланы, а во всех советских консульствах стали работать китайские советники. Через некоторое время Синьцзян и другие крупные провинции были оккупированы китайскими солдатами. А у иностранных консульств поставили часовых.

В это тяжелое время я вновь начал заниматься чулочным мастерством. Особенным спросом стали пользоваться мужские носки и теплые изделия.

Жизнь в Кульдже

Это был город, расположенный в низине недалеко от вечно заснеженного горного хребта, который назывался Заилийский Алата́у и брал свое начало в Алма-Ате. Кульджу основали вокруг небольшой крепости несколько сотен лет назад. Крепостное здание окружали хорошие кирпичные постройки в европейском стиле. Город был сплошь пересечен узкими глиняными улочками. С обеих сторон улиц были посажены деревья и кустарники, а в двух метрах от улиц уже начинались постройки. Из-за отсутствия тротуаров во время осадков в городе становилось настолько грязно, что люди даже не могли въехать на базар.

Большинство домов в Кульдже были построены на совесть. У них были прочные бетонные стены и очень высокие потолки. В Кульдже была хорошая глина, поэтому со стройматериалами не возникало проблем. Фундамент в этих домах докладывали кирпичом. А крыши в этих постройках покрывали смесью из земли, сена и глины, которую использовали в качестве клея. Однако за счет тяжести конструкции, эти дома очень часто проседали. Из-за большой толщины стен летом в этих домах было достаточно прохладно, а зимой они не промерзали.

В Кульдже не было практически никаких заводов. Только пару мельниц и маслобойная фабрика. Все товары и сырье в нашу провинцию шли из России, еще с дореволюционных времен. И тем, что мне запомнилось больше всего стали очень дешевые цены на товары и на продукты по сравнению с ценами, которые были в России. Еще очень важно для меня было то, что в Китае за все время, пока мы там жили, никто не голодал.

К русским беженцам китайцы достаточно хорошо относились. Они помогали нам открывать школу, и особенно поддерживали начальное образование. Китайцы не противились и тому, что наши дети учились по советской программе, но раз в неделю в наши школы приходили преподаватели, обучавшие русских китайскому языку. Основной же учительский состав русских школ включал в себя эмигрировавшую в Китай русскую интеллигенцию. В этих школах училось около тысячи детей. Наши Лида и Василий тоже там учились.

Вообще китайцы хорошо относились к русским, конечно, были и исключения, но очень редко. Еще надо добавить, что очень важной характерной особенностью китайцев была честность.

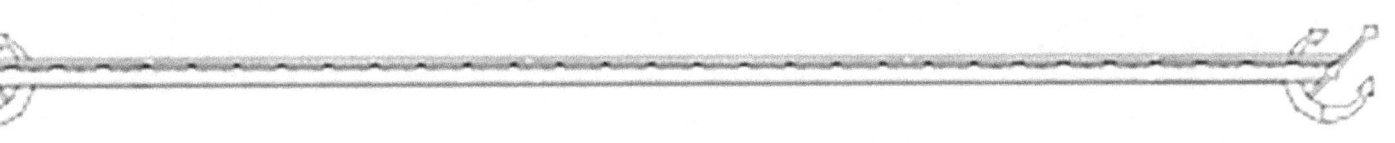

Когда я работал стекольщиком, мы много раз делали работу для китайцев в долг, и ни разу не сталкивались с попыткой обмануть нас или не расплатиться в срок.

Сами жили в русском районе, в котором практически не было китайцев. Они были сосредоточены в районах, расположенным за так называемым китайским базаром у реки.

Религиозная жизнь в Китае

Православная церковь в Кульдже была построена достаточно давно (примерно в конце 18 века) для торговцев с России, а около нее даже было православное кладбище. А когда уже в город начали приезжать беженцы из Советского Союза, то открылись и баптистская и пятидесятницкая церкви. В 31-ом году они насчитывали уже более трехсот членов.

Что касается христианства, я больше знал баптистскую и пятидесятницкую церкви. На наших собраниях всегда были люди, а по праздникам все собирались на совместную службу, и мы вместе славили имя Господа нашего и свидетельствовали друг другу. Но через несколько лет наши служения были разделены надвое, а потом вновь объединились, как в принципе это было и везде.

Оркестра в наших церквях не было. Все-таки в то время трудно было инструменты достать, но несмотря на это у нас был хороший хор. Раньше, конечно, выросла баптистская церковь и хор сначала появился у нее. Но вскоре хор организовали и у пятидесятников.

В нашей церкви была воскресная школа, в которой дети изучали Библию и программы к праздникам. Женских программ в то время не было. Также мы создавали программы для молодежи, но они были очень похожи на детские. Дети очень любили петь, это было одно из немногих развлечений того времени.

Особой воспитательной деятельности, как, например, в американских церквях мы не вели, потому что когда дети дома хорошо воспитываются, то почти не нужно каких-то специальных воспитательных программ.

Центр Кульджи – 30-е г.

В убеждениях баптисты и евангельские христиане были очень схожи, и евангельские христиане ничуть не отделялись. Когда создавалась баптистская церковь евангельских христиан было не так много, и все ходили в одну церковь, а некоторые пятидесятники даже там проповедовали.

Я думаю, что в Америке пятидесятницкая церковь и баптистская не объединены из-за того, что слишком много доктрин сделали и в эти доктрины немало человеческих пунктов ввели. А значит одно течение такие пункты человеческие, а другое -другие, поэтому очень многое в убеждениях разнится, несмотря на то что и те и другие Слово Божье проповедуют.

В Китае баптисты и пятидесятники очень хорошо ладили между собой. Различий было и в жизни не особо много. Помню, что баптисты очень неплохо жили, в материальном плане. Они очень любили трудиться и праздники проводили в собрании. Православные же иногда могли себе позволить выпить и часто курили.

Миссионеры к нам не приезжали. Принудительных пожертвований у нас не было, но, наверное, каждый из нас понимал, что жертвовать необходимо. Мы не держали деньги в церкви, в сезон мы собирали наши запасы и покупали пшеницу, которую потом раздавали вдовам, особенно тем, у которых были маленькие дети. Это было очень важно, потому что тогда женщины редко работали, а китайское государство никак не поддерживало наших вдов.

Для беженцев не было даже минимальных пенсий, а налоги были на полях их платили хлебом и зерном. И я сейчас не помню, какую часть человек должен был отдать государству, а какую оставить себе. Торговцы в то время обычно патенты платили, а рабочие можно сказать ничего не платили. У них была очень маленькая зарплата.

Начало революции в Китае

В Китае купить дом с участком было достаточно сложно. У нашей семьи это заняло несколько лет. Я не строил дом, сначала я купил две комнаты в доме у человека, переехавшего в другую провинцию. Возле дома у нас был небольшой участок. Сначала там росли только яблони, но потом этот садик уже разросся. И мы соорудили в нем пригон для коровы. Корова у нас была хорошая, нам хватало молока и сметаны.

Китайское восстание – 1931 г.

Еще в нашем саду погреб был под сараем метра два глубиной. Человек свободно мог спуститься туда по лестнице. Благодаря погребу наши соленья не портились, и мы всю зиму ели овощи.

К сожалению, спокойная жизнь в Кульдже продлилась не так много лет. Мы приехали в конце тридцать первого, а в начале весны тридцать третьего года уже война разразилась. Хотя сначала в нашем городе боевых действий и не было. Дело было в том, что коммунисты давали оружие повстанцам и разжигали межнациональные распри, и вооруженные солдаты со временем пришли во все города в поисках людей, отказывавшихся принимать коммунизм.

Очень агрессивно поддерживали революцию дунгани – один из многочисленных народов Китая. Это были очень настойчивые, сильные и жестокие люди. Я даже слышал от одного офицера такую историю. Когда дунгани восстали, китайцы попросили о помощи русскую армию, и мобилизовавшись повергли дунган в бегство. Один из предводителей этого народа схватил и потащил за собой деревенскую девочку. Увидев это мобилизованный русско-китайский отряд преградил дунганам путь, а этот разбойник, поняв, что ему не убежать перерезал девчушке горло. Дунгане вообще были очень воинственными и часто восставали.

Восстания в Китае

Вообще конфликты между дунганами и китайцами начались еще задолго до революции, а во время перехода к коммунизму дунгани начали организовывать повстанческие отряды. С другими же народами у китайцев складывались отношения очень даже хорошо. Кашгарлыки и уйгуры были очень тихими и доброжелательными; киргизы, узбеки, монголы и казахи жили в основном в горах и занимались скотоводством, устанавливая торговые отношения с китайцами. Сами китайцы отличались честностью и трудолюбием. Я много раз видел, как когда уже шли первые заморозки, несмотря на холод, китайцы босиком месили глину и при этом пели песни. Дунган в Кульдже было не очень много, а те, кто были в основном работали торговцами и были вполне безобидными.

Вооруженные конфликты в Китае начались в 1931 году, а в 33-34 годах уже в нашем городе было восстание. Русские тогда встали на сторону китайцев и даже пытались усмирять этих повстанцев. А потом все затянулось и дунгани убили немало русских. И большинство беженцев решили эмигрировать.

Китайская армия – 1931 г.

Сотни тысяч мирных жителей побили в этой войне, повстанцы не щадили ни женщин, ни детей. А потом советское правительство договорилось с китайцами: прислало войска на помощь и помогло подавить повстанцев. После этого временно были налажены торговые отношения с Советским Союзом, и мы зажили спокойно, но спустя буквально пару месяцев на востоке Китая вновь поднялся бунт, и революционеры забрали власть в свои руки.

Многие народности восставали, потому что хотели видеть своего человека у власти, а некоторые устраивали бунты на религиозной почве. К нам в город даже приезжали муллы - мусульманские священники. А в 1943-м году после десяти лет спокойствия началось второе восстание. И китайцы начали призывать беженцев в свое ополчение. Эмигрантские полки с советскими вместе ходили в центральных городах, даже из Маньчжурии тогда наших присылали. В то время китайское правительство сильно использовало советских беженцев. Я иногда даже думал, что может быть они нарочно свободно пропускали беженцев к себе, в пограничные города с Россией. Во время восстания очень много русской молодежи погибло, особенно в крепостях, которые бомбили из танков и минометов.

Самый разгар боевых действий пришёлся на 1945 год, когда Советский Союз не смог помочь Китаю, потому что восстанавливал советские территории после войны с Гитлером. Однако уже в 1946 году к нам сюда немного советских войск побросали. Объединив усилия, повстанцы были вытеснены за речку Манас, где организовали свое государство восточный Туркестан. После подавления восстания и помощи красной армии многие беженцы приняли решение вновь вернутся на родину и даже добились советского гражданства, но, к сожалению, большинство так и не нашли счастья в России, особенно в советском обществе стало очень тяжело жить пятидесятникам.

Как только наступило затишье, мы, воспользовавшись ситуацией, отправились в Урумчи, в центр провинции Синьцзян.

Дорога в Урумчи

Когда мы уезжали в Урумчи, мы даже не задумывались о том, что будем искать способы уехать из Китая насовсем. Нами тогда руководила вера и мы даже не могли предполагать, что попадем в Америку.

Перед отъездом я объявил о продаже дома и о том, что решил ехать в сторону Урумчи, а после этого поехал в горы, примерно за 100 километров, и вернувшись узнал, что Василий и мать уже продали дом. Сумма, вырученная за дом, оказалось очень маленькой, около 8 тысяч юаней. Этих денег нам хватило на то, чтобы купить лошадей и бричку. Пока мы занимались сборами мы жили в двухкомнатном доме моей мамы вместе с мамой, Иосифом и Михаилом.

Пограничный пост в Синьцзян

Это была поздняя осень, но дорога, по которой мы собирались ехать была хорошей и вела через главную долину, где практически не было ветра. Достаточно быстро мы добрались до небольшого пограничного городка, где нам сказали, что мы должны продать наших лошадей, так как не хотели пускать их в Синьцзян. Мы долго разговаривали и мне удалось убедить их пропустить меня с одним конем, на которого я погрузил часть наших вещей, а моя семья поехала в машине. Лошади было очень тяжело везти на себе столько вещей, и я увидел русский обоз, едущий в Урумчи, и поговорив, они согласились взять часть моего груза.

На въезде в Урумчи нас остановили пограничники и начали обыскивать, было очень холодно, но Василий достал гармошку и мелодично заиграл. Пограничники заулыбались и пропустили нас в город.

Вообще на границе для досмотра останавливали только эмигрантов, коренное население передвигалось по Китаю без каких-либо ограничений. Когда мы прошли пограничный контроль для въезда в провинцию на улице было уже темно, а нам предстояло еще чуть больше пяти километров идти пешком. У городских стен стояли часовые и Василий, изучавший в школе китайский язык, подошел к ним, чтобы объяснить кто мы такие и попросить их открыть ворота Урумчи. Часовые очень быстро поняли Василия, и мы вошли в город.

Первым делом мы отправились на постоялый двор. Там было очень много людей, в том числе и бежавшие из с восточного Туркестана раненые солдаты. На нас они смотрели с недоверием, но ничего плохого нам не сделали. Я думаю, китайцы на постоялом дворе не тронули нас, потому что мы ехали вместе с китайской семьей, глава которой поручился за нас и объяснил местным, что мы беженцы.

Знакомство с консулом

Мы приехали в Урумчи. Я знал приблизительно этот город, так как уже бывал в восточной его части. Мы свободно проехали через рыночную площадь и нашли квартиру для аренды. На окраине Урумчи жило очень много беженцев из Советского Союза. И во время нашего приезда они уже готовились ехать дальше, и поэтому покинули Урумчи намного раньше нас.

Урумчи – это главный город в китайской провинции Синьцзян. Туда мы приехали уже зимой. В дороге нас застали сильные морозы. Вскоре после нашего прибытия приехали и пятидесятники, позже к нам присоединились наши братья-баптисты, и в Урумчи собралось много беженцев. Все эти люди, которые приехали вместе с нами, держали путь дальше - они стремились к американскому консулу мистеру Шернеру.

У американского консула в Урумчи не было офиса, как, например, у советских представительств, имеющих сотни всяких служащих. Все американское консульство, в те времена в Китае, включало в себя только мистера Шернера и его жену, а зданием, в котором располагался офис консульства была больница имени Уильяма Бордена, построенная на благотворительные средства. Несмотря на небольшой штат и скромное помещение американского представительства, все беженцы стремились попасть к мистеру Шернеру, и надеялись, что консул поможет им. Чтобы упростить процесс, мистер Шернер предложил беженцам избрать двух человек, которые бы приходили, когда есть дело. На эти важные должности выбрали меня и Тарахтеева, поэтому мы частенько ходили в консульство. В консульстве был переводчик тоже из беженцев, как и мы, но он каким-то путем овладел английским языком (возможно он раньше изучал его).

Мистер Шернер был очень добрым человеком - он благосклонно к нам относился, и даже предложил помочь, узнав, что среди нас есть бедные люди. Консул говорил, что у него нет доступа к фондам помощи беженцам, и что он выручает нас из своего жалованья. На тот момент нам казалось, что все мы бедные, однако у одной семьи из нашей группы беженцев оказалось потом золото. Мы узнали об этом, когда они переехали в Парагвай.

Среднекитайское движения христианства

Православных в Урумчи было немного. Помню только большую семью православных по фамилии Затовские. Я слышал, что сейчас они в Сан-Франциско живут. Но большинство из нас были пятидесятниками. В общей сложности в нашем лагере было около 300 человек. Все вместе мы ходили на Китайские собрания, которые когда-то давно организовали миссионеры из Англии, и где во время нашего приезда китайцы сами проповедовали. Американский консул с женой тоже их посещали. Это была большая церковь, но кроме этого, мы устраивали и свои русские собрания вместе с пятидесятниками и баптистами в квартирах, а православные к нам не приходили.

Китайское служение

В нашу миграционную группу православные тоже не были включены, потому что они приехали немножко раньше. В то время, когда мы прибыли в Урумчи, они уже продвинули свое дело и собирались ехать дальше. Покинули Ланьчжоу они тоже раньше. Для верующих в Ланьчжоу был большой Китайский молитвенный дом. Там собиралось около 1000 человек.

Когда английская миссия приезжала в Китай, проповедники изучали уйгурский язык, который был господствующем в Синьцзяне. Несмотря на то, что миссионеры проповедовали на родном для местного населения языке, их труды не приносили особого результата. Только на самом юге провинции миссия имела некоторый успех. В Мавритании, где было сильное гонение на верующих, труд миссионеров практически не приносил плодов. Поэтому в том регионе английские миссии были огорожены высокими стенами и верующие китайцы вынуждены были скрываться за ними, но их было очень мало.

Однако китайские верующие были в каждом городе. Только они были очень разные. Например, в некоторых в провинциях, уже по пути, мы встречали немало пятидесятников китайцев. Они проводили очень эмоциональные богослужения, как в принципе и все пятидесятники. А самым распространённым христианским движением в Китае было так называемое среднекитайское христианство. Развиваться этому движению помогали и миссионеры из Европы. Миссии из разных конфессий приезжали в Китай и работали сообща - это и называлось Среднекитайское движения христианства, оно имело три доктрины. Китайцы, в большинстве своем, не препятствовали распространению веры.

Гонения на верующих в Урумчи

Эмиграция многих из местных беженцев проходила через северную границу Китая и России. После подавления восстания, о котором я писал выше, отношения между советским и китайским правительством укрепились, и многие эмигранты, которые откровенно говорили, что не хотят возвращаться в Советский Союз, были арестованы, а жизнь остальных начала усложняться.

Гонения начались, когда к власти в Китае пришла коммунистическая партия, особенно тяжело стало эмигрантам в 1950-1951 годах. Некоторых беженцев, которые ни за что не хотели возвращаться в СССР, отпустили в Гонконг и оттуда отправили в Австралию. В то время в Урумчи проживало около трехсот русских семей, правда часть из них по одиночке уезжали на восток.

Миссионеры-протестанты часто приезжали в китайские города, а один раз они помогли нам купить здание для баптистского собрания. О помощи миссионеров быстро узнало китайское правительство и некоторых наших людей арестовали. В китайской тюрьме тогда просидели по 4-5 лет, такие знаменитые беженцы как Каракаев, Григорий Таранов, Попов, Дроздов.

Их арестовали потому, что, по мнению коммунистического правительства, Каракаев, Попов и Дроздов имели какое-то отношение к англичанам. Однако, я думаю, что Каракаев на самом деле никакого отношения к англичанам не имел, а просто был пресвитером, а Таранов это был наш Ленин – он много ездил, очень активно развивал служения и договаривался о получении денег на покупку церкви. И все это как-то вышло наружу. Когда они вышли из тюрьмы, они ничего не рассказывали о том, что там было. Они очень сильно пострадали, из-за того, что к ним англичанин приезжал. Конечно, советские все подозревали, что это политика, хотя на самом деле англичане просто хотели помочь в деле Божьем.

Жизнь в Урумчи

Я до сих пор вспоминаю, как мы приехали в Урумчи в конце ноября, когда город уже охватила зима. Там мы жили на окраине города в новых квартирах, которые освободились после войны, недавно потрясшей столицу Синьцзяна. Несмотря на то, что это был далеко не первый вооруженный конфликт на территории Урумчи, многие местные жители сбежали, бросив свои дома. В пустующие квартиры заселиться было несложно, мы и еще несколько семей арендовали целый дворик, другие русские семьи тоже жили неподалеку.

Китайское правительство помогало беженцам только пищей. Однако ту еду, которую выдавали бесплатно, было невозможно кушать – она была очень горькой; мука была не пшеничная, а из зерна наподобие проса, поэтому местный хлеб был абсолютно несъедобным. Однако в скором времени наши приехали, в том числе и Андрей Рихтер, они много еды привезли и даже туши свиней. Большие туши они продали и на эти деньги мы смогли купить себе хороший хлеб.

Работу в Урумчи было невозможно найти, мы получали деньги, продавая некоторые вещи. И поэтому мы не могли себе позволить ничего кроме этой муки. Однако на дальнейший путь у нас было немножко накоплений. Даже в мирное время все продукты в центре были дороже, чем у нас и это помогало нам сэкономить.

В апреле мы продолжили свое путешествие в Ланьчжоу. 3-4 месяца, проведенные в дороге дети не ходили в школу, но вместе

Уйгуры – 30-е г.»

с родителями посещали собрания. На этих собраниях каждый пытался что-то купить или продать то, чего у него было в избытке. Здесь можно было приобрести даже хорошую муку или вкусный хлеб, что в то время считалось настоящим праздником. В такие дни мы приходили домой жарили лепешки с салом и с огромным удовольствием съедали их.

Наш путь продолжается

Все время, которое мы провели в подготовке к Ланьчжоу за нас хлопотал консул. Он говорил, что прямого отношения к беженцам не имеет, но очень хочет выручить людей, которые желают убежать от коммунистического режима. Один раз консул даже предложил мне написать самому письмо в Кульджу, потому что он не имел влияния на китайские власти.

Мистер Шернер всеми возможными способами содействовал нашему выезду дальше из Урумчи и даже помог нам получить временное китайское гражданство, чтобы мы смогли уехать в глубь страны. Тогда нам даже не пришлось обращаться в эмиграционные бюро – американский консул помог нам получить все необходимые документы. Зима прошла и в апреле мы продолжили наш путь.

В путь, если мне память не изменяет, мы отправились 4 апреля, как раз когда на улице стало теплеть. Однако климат в Синьцзяне, как и в любых горах, был очень изменчив. Всего за одни сутки мы добрались до торфяной долины, которая лежит ниже уровня моря, как и калифорнийская Долина смерти. Там уже в апреле месяце было очень тепло. В этой долине мы стояли недолго. Дальше наш путь лежал среди пустыни в песках. Вспоминая это время, я думаю о том, как хорошо, что во время нашего путешествия не было большой жары. Наши тройки были перегружены, а в дороге у некоторых сломались колеса. Тогда сопровождавшие нас китайцы предложили вернуться в Урумчи, чтобы купить необходимые запасные части. Ожидая их возвращения, мы провели в пустыне почти неделю. Городов по близости не было – нас окружали лишь песчаные дюны.

Но все-таки через некоторое время мы нашли небольшое поселение неподалеку. Наши женщины отправились туда купить хлеб и муку, но уйгуры оказались очень добрыми и не стали брать денег за продукты. А еще по близости мы обнаружили небольшой ручеек, в котором было много рыбы. Этот источник появился благодаря огромному трудолюбию китайцев. Так как вода в пустыне была только под землей, они в свое время прокопали множество туннелей, чтобы на поверхности появились маленькие ручейки с пресной водой.

Дорога в Ланьчжоу

Пустыня Гоби

Как я уже говорил, китайский и уйгурский народы были очень трудолюбивыми. Они, проживая в пустыне Гоби, копали землю лопатами или так называемым журавлем (прим. журавль - толстая жердь, используемая в конструкции колодцев того времени) до тех пор, пока не доходили грунтовых вод. Это была тяжелая работа, потому что в пустыне была очень твердая почва, но китайцев это не останавливало. В дороге мы даже видели одну быструю речку, глубиной примерно мне по пояс и длиной около 20 километров, которую из-за высокой скорости течения пешком было трудно перейти.

В этой местности Синьцзяна была постоянная жара, а зимний период проходил практически незаметно. Там даже росло много сортов теплолюбивого винограда, который не только продавался по всей территории Китая, но и успешно экспортировался в соседние страны. Также в селениях недалеко от Гоби росло много красивых и очень вкусных абрикосов, ежесезонно продаваемых в близлежащие города. Вообще в Синьцзяне была очень хорошо развита торговля фруктами.

В Гоби было немного китайских селений, в которых в основном проживали уйгуры. Уйгурская нация включала в себя несколько народностей: кашгарлыков, татар, таранчей и узбеков. Это были внешне очень похожие люди, связанные общим языком с некоторой, практически незаметной разницей в диалекте, но если ты знал язык любой из уйгурских народностей, то быстро привыкал к смежному диалекту и мог спокойно разговаривать. Английские миссионеры называли уйгурские народы «туркиштраль».

Но вернемся к нашему путешествию. Мы пробыли почти неделю в пустыне, ожидая возвращения сопровождавших нас китайцев, которые, как я говорил выше отправились за запчастями для наших троек. По возвращению китайцы отремонтировали наши повозки, и мы двинулись в путь. Дорога продолжала идти через Гоби, а наша ближайшая остановка планировалась в ее западной части в городе Хами. Это место считалось полупустыней.

Хами был маленьким городком вблизи Гоби. Когда мы проехали пустыню, мы оказались в живописной провинции Гансу, где, в отличие от Гоби, зеленела травка и простирались покрытые растительностью холмы. Здесь мы вышли на тропу и доехали до одного города, название которого я постараюсь вспомнить позже. На тот момент этот город был сердцем Китая, так как располагалось местное правительство. В этом городе мы и решили остановиться. Это был исключительно китайский город с правительством, которое симпатизировало коммунистическому режиму, возможно, именно из-за политических взглядов, они порекомендовали нам отправиться назад.

Возвращение в Синьцзян

Когда мы проехали пустыню Гоби и заехали в первый придорожный городок, в котором из-за сильного дождя размыло дороги, местные власти отправили нас назад в Синьцзян, сказав, что не могут пропустить в Ланьчжоу. Это стало огромным разочарованием для всех нас. Я был расстроен до глубины души.

Жители Ланьчжоу – 30-е г.

В Урумчи говорили, что нам в центральном Китае делать нечего, и что там мы можем умереть от голода, но мы решились на наше путешествие и, пройдя столь долгий путь, были просто не готовы отступать. Китайское правительство, не обращая внимания на наши объяснения и плач женщин, настояло на нашем возвращении в Синьцзян. Они поставили нам сроки для выезда и подготовили солдат, которые были обязаны сопроводить нас обратно в Урумчи. Мы возвращались на тройках, но они были сильно перегружены: в тройки положили много грузов, и помимо нас в них сидели сопровождающие нас китайцы. Из-за этого в дороге с нами произошел один неприятный случай: на одной из узких троп мы увидели, что нам на встречу в гору поднимается другая тройка и дает нам сигнал, о том, что мы должны свернуть. Наш водитель повернул и попал передними колесами в колею, все пассажиры в нашей тройке резко подпрыгнули на своих местах, а некоторые даже вылетели из кабинки.

В Хами в провинции Синьцзян мы увидели первые горы, именно до этого места нас довезли люди из китайского правительства. Здесь мы и остановились. Посоветовавшись, мы решили снова обратиться к американскому консулу и попросить, чтобы он похлопотал о том, чтобы нас впустили в центральные провинции.

Я думаю, что в Китае на местах тогда было большое самовластие, потому что не только в каждой провинции, но и в каждом городе китайские власти могли поступить по-своему, так как им заблагорассудиться.

К американскому консулу в Урумчи с рассказом о нашем приключении, о том как нас вернули и о том, что все наши семьи сейчас находятся в Хами тогда отправились мы с Кириллом Лином (он сейчас живет в Сан-Франциско). В ответ на наше обращение мистер Шернер пообещал, что повлияет насколько сможет на местное правительство и приложит все необходимые усилия для решения нашего вопроса.

Помощь мистера Шернера

Целых две, а может быть, даже три недели мы провели в Урумчи, ожидая ответа от консула. И вот наступила наша долгожданная встреча. Консул спросил нас есть ли у нас деньги, и мы ответили, что уже уплатили дорогу до Ланьчжоу, но нас отправили обратно в Хами, в связи с чем наши запасы сильно истощились. Войдя в наше положение, американский консул выхлопотал у правительства для нас бесплатные тройки, которые должны были довезти до Ланьчжоу, и в сопровождение одного из начальников иностранного отдела, который прекрасно говорил по-русски, и целый взвод солдат.

Все вместе мы снова двинулись в путь. Как только мы пересекли Хами, пошли сильные дожди. Дороги все были размыты, и мы сделали остановку в небольшом городке, располагавшемся в нескольких километрах от тракта. Этот город населяли в основном китайцы, которые очень редко видели европейцев, поэтому, когда мы шли по городу местные жители часто оборачивались нам вслед. К концу дня мы даже решились спеть для них. В этом городе мы провели несколько дней.

Когда погода стала улучшаться, мы продолжили наш путь, но вскоре дожди полили с новой силой и дороги вновь размыло. Тогда начальник иностранного отдела, который сопровождал нас, предложил продолжить путь, а как увидим разрушенный дождем участок, порубить придорожные кусты и положить в яму и посыпать галькой, которой мы запаслись во время нашей последней остановки. Так мы и сделали. Конечно, это занимало очень много времени, но все же мы продвигались вперед. Так мы приехали в Ланьчжоу.

Жизнь в Ланьчжоу

Итак, мы приехали в Ланьчжоу. Это был большой город, в котором нам предстояло много хлопот. Паспорта у нас уже были, с их помощью мы могли доехать до Шанхая. Самой большой нашей проблемой было отсутствие транспорта. А еще в Ланьчжоу мы хотели познакомиться с миссией Среднекитайского движения христианства. Также здесь устраивали собрания и миссионерыпятидесятники, которые помогли нам найти крышу над головой. Здесь было очень сложно найти жилье и единственным выходом оказалось расположиться в военных корпусах, которые были рядом с большой речкой Хуанхэ.

Так как мы не знали как долго мы пробудем в Ланьчжоу, встал вопрос об устройстве на работу, и мы познакомились с человеком, который отлично говорил по-русски и мог помочь с трудоустройством. Наша работа заключалась в том, чтобы разрушить туннель в горе. Этот туннель раньше служил сооружением для советских генералов, которые во время японской войны находились глубоко в горе, укрываясь от орудий противника и координируя действия солдат.

Этот туннель представлял из себя длинный вымощенный кирпичом коридор и маленькую железобетонную комнату, пол в ней был сделан из нескольких рядов стальной арматуры, залитой цементом. Стены и потолок в комнатке были толщиной более полутра метра.

Этот туннель, как говорили китайцы, был построен с 42-го по 43-й год во время японской войны, когда Япония стала союзником Германии. А теперь нашей задачей было его разрушить.

Мы начали разбирать туннель, а китайцы забирали кирпичи. Комнату тоже надо было разрушить для того, чтобы забрать сталь, которая очень дорого стоила в центральном Китае. Это была не казенная работа, потому что все материалы, которые мы извлекали позже были распроданы.

Работали мы хорошо, очень дружно, но это был тяжелый труд. Однако несмотря на сложности, даже некоторые наши женщины принимали участие в разборе туннеля. Мужчины разбирали стены, а девушки выносили кирпичи из туннеля.

Однако при разборе тоннеля происходили и трагичные случаи. Однажды из-за небрежного отношения к технике безопасности один молодой парень, работавший с нами, стал разбирать несущую стену, в результате чего на него начали падать кирпичи и он получил перелом позвоночника. Христианские миссионеры – Субботники старались его спасти, но, к сожалению, ничего не смогли сделать. Они экстренно доставили парня в Шанхай, но он скончался, не приходя в сознание.

Перелет на одном моторе

Самолет миссионеров– 30-е г.

Среди нас в Ланьчжоу было много баптистов (около 44 человек), которые имели связь с миссионерским баптистским центром в Шанхае. Миссионеры, узнав о нашей ситуации, пообещали выслать нам небольшой самолет. И в сентябре месяце, когда выпал первый снежок и наши работы закончились, мы вылетели из Ланьчжоу в Шанхай на небольшом 2-х моторном самолете. Во время нашего перелета из Ланьчжоу в Шанхай случилась история, которую я никогда не забуду. Не зная, что нас ожидает в Шанхае, оставшись практически без денег и не зная как будут далее обстоять дела там, мы все старались захватить с собой как можно больше вещей несмотря на уговоры летчика. Пролетев, около половины пути, мы вдруг услышали, что звук мотора изменился и самолет немного накренился в правую сторону. Затем мы увидели из небольшого квадратного окошка, что пропеллер, на одном из моторов, остановился. Через несколько минут из кабины вышел один из пилотов и говорит: Мы имеем серьезную проблему. Один из моторов вышел из строя, а наш полет проходит над гористой местностью, возможности сделать аварийную посадку у нас нет, поэтому нам надо максимально облегчить самолет. Это наш единственный шанс долететь до места на одном моторе. Как можно скорее, нам надо выбросить из салона весь багаж, который вы взяли на борт. Оставьте только одежду и документы, все остальное надо выбросить. Он прошел в хвостовую часть самолета, открыл дверь и мы стали подносить ему все, что мы с таким старанием заносили в самолет. Салон самолета наполнил ужасный шум ветра, надрывный рев мотора, дети и женщины стали плакать, стали звучать громкие слова молитв и трудно описать вам, что мы пережили в эти страшные минуты жизни. Хотя паники в глазах летчика мы не видели, но лицо его было очень озабоченным и он старался, как можно скорее, избавить самолет от лишнего груза.

В этом самолете находилась также одна небольшая семья, немцы по национальности. Мать и ее сын инвалид с детства. Передвигаться он могтолько на инвалидной коляске, на которой его и усадили в самолет. Он слышал, что летчик, который выбрасывал наши вещи, продолжал призывать нас, чтобы мы еще раз пересмотрели то, что осталось. Тогда этот молодой человек, перекрикивая шум ветра и мотора, обратился к нам с таким предложением: – Я вижу, что жизнь всех нас находится в критической ситуации и мы все можем погибнуть. Я прошу вас выбросите меня из самолета вместе с моей коляской. Может это поможет вам всем спастись. Я все равно никуда не годный инвалид, который нуждается в постоянном уходе, а вы молодые и здоровые еще поживете на земле. Только пообещайте мне, что вы позаботитесь о моей маме. Ведь если упадет самолет, мы все погибнем, а так есть шанс, что вы долетите и спасетесь...Сказать, что эти слова повергли всех нас в шок, – это ничего не сказать! Плач, крики детей и другой шум в салоне прекратился, как по команде. Если бы в это время закрыть дверь самолета, то в салоне была бы мертвая тишина. В следующие несколько секунд, наше оцепенение прошло. Мать этого инвалида зарыдала и стала обнимать его, как бы прощаясь с ним, а мы, потрясенные до глубины души, стали снимать с себя верхнюю одежду и все, что еще можно было, собрали и выбросили за борт.

Хочу сразу успокоить вас: этого молодого человека из самолета не выбросили, но мы прилетели в Шанхай не только без нашего багажа, но и без верхней одежды. В аэропорту Шанхая мы приземлились благополучно. То что наш накрененный самолет сильно ударился о посадочную полосу и нас подбросило вверх, а потом стало крутить на полосе, это уже были мелочи жизни. Главное самолет остался цел и несколько пожарных машин ожидавших нашего прибытия остались без дела. Выходя из самолета, мы горячо благодарили Бога и наших летчиков за спасение. Хотя эта семья порядочное время жили в Кульдже и были членами нашей церкви, у многих русских в городе, была некая предвзятость к ним из-за их национальности. Это было послевоенное время и страшная война между Советским Союзом и Германией только закончилась и поэтому к немцам было очень недоброе отношение. Но здесь молодой немец, готов был отдать свою жизнь, чтобы спасти жизни русских. Этот случай напомнил нам слова Иисуса Христа из Евангелия от Иоанна, где Господь сказал, что нет больше той любви, как если кто положит душу свою за друзей своих. (Ионан.15:13) После этого события, слова нашего Господа стали для нас живыми, когда мы в реальности пережили их в своей жизни.

ЗДРАВСТВУЙ, АМЕРИКА

Где луга и цветы расцветают
под солнцем.
Где каждое утро на рассвете
поют птицы и все такое.
Где мисс Санкист говорит:
"Не опаздывай!"
Вот этого мне так трудно ждать.
Так откройте свои Золотые Ворота
- Калифорния, я иду.

Эл Джолсон – «Калифорния, я иду»

Шанхай

Когда мы долетели до Шанхая, мы увидели город, освещенный рекламами, как американские города. До этого мы не видели таких ярких городов. Шанхай, конечно, был особенным городом, соответствующим всем международным стандартам, потому что в нем проводилось много американских, английских и французских концессий.

Шанхай

В Шанхае нас встретили русские эмигранты во главе с Волоховым – очень хорошим человеком, который помогал нашим беженцам получать помощь от иностранных консульств. Они помогли нам разместиться на территории школы.

К тому моменту, как мы прилетели в Шанхай, здесь уже было меньше эмигрантов, потому что к этому времени многие вернулись в СССР, получили американское гражданство и так далее.

Местных эмигрантов предупредили о нашем прилете, ведь наш самолет был нанят южными баптистами – миссией Американского Южного Союза.

Несколько дней мы жили в здании школы. В этом здании барачного типа, мы поставили двухъярусные кровати и разделили их занавесами. Однако вскоре Южный Союз Баптистов помог нам подыскать квартиры с небольшими огородами. Это были достаточно примитивные комнаты и некоторые из эмигрантов, кто был побогаче, через некоторое время съехали в другое жилье. Тем же у кого было не так много денег, нужно было оплатить только так называемый «down», который был хоть и ниже арендной платы за более обустроенную квартиру, но все же очень высок. Поэтому многие из наших жили в этих квартирах только до того момента, пока их оплачивал Американский Южный Союз.

В Шанхае мы начали посещать местные собрания. На шанхайских баптистских собраниях миссионеры в основном проповедовали на китайском языке. Мы часто посещали эти собрания и пели там, потому что песни те же самые на китайском языке и те же самые мотивы, только язык не тот. Но проповеди мы не понимали. Хотя китайцы очень хорошо проповедуют: они много жестикулируют и вообще очень эмоционально ведут собрания.

Жизнь в Шанхае

Шанхай был очень большим городом, некоторые из наших даже нашли здесь работу, но труд оплачивался очень дешево, например, я, работая ночным сторожем мастерской, в которой ремонтировали моторы для лодок, получал четыре доллара в месяц, а Василий, работавший там же мастером, получал ненамного больше меня. Поэтому если бы мы не получали продукты через Русское Общество, то мы были бы лишены даже пропитания. Из продуктов нам выдавали хлеб, сухари и консервированную свинину. Это были продукты очень хорошего качества. Как я потом узнал, это были заготовки для американских солдат, которые впоследствии были отданы в помощь беженцам.

Василию уже было на тот момент 18-19 лет. в Шанхае он по вечерам в английскую школу ходил, чтобы хорошо говорить на английском языке.

Английская школа в Шанхае

Все школы для беженцев были бесплатными, и многие дети эмигрантов посещали занятия. В Шанхае в нашем районе школы для детей до третьего класса и для более старших были разделены. Большинство подростков посещало англоязычную католическую школу, в которой был очень строгий порядок и сильно наказывали детей за недисциплинированное поведение. А младшеклассники ходили в школу, открытую нашими эмигрантами. Я до сих пор с благодарностью вспоминаю директора этой школы Дину Николаевну, которая принимала большое участие в воспитании наших детей. Юрий и Майкл – мои младшие сыновья спустя так много лет помнят, как она ходила "с линейкой между партами и устанавливала порядок в классах". Также в начальной школе работал для детей беженцев работал английский миссионер мистер Хаудешелл. Это был очень добрый и справедливый преподаватель, который заложил нашим детям любовь к английскому языку и научил их американском гимну и песням "Day is dying in the West", "O, blessed day" и "Jesus loves the little children".

В Шанхае мы начали хлопотать о том, чтобы получить возможность переехать в Америку. До прилета в Шанхай это казалось несбыточной мечтой, а здесь мы поняли, что это возможно, но не знали как действовать. До нас путь до Америки прошел Петр Амегин со своей семьей, он говорил, что, если мы хотим попасть в Америку, то нам надо через миссию действовать. Однако многие миссии, в том числе баптистские, почти не имели никакого отношения к этому вопросу, они могли лишь косвенно помочь нам, когда уже будут готовы все документы. В общем мы ездили по всем инстанциям с переводчиками, в надежде получить содействие в переезде.

И когда прошло чуть больше полугода мы обратились в американское консульство, где наши знакомые немецкие миссионеры помогли нам заполнить анкеты.

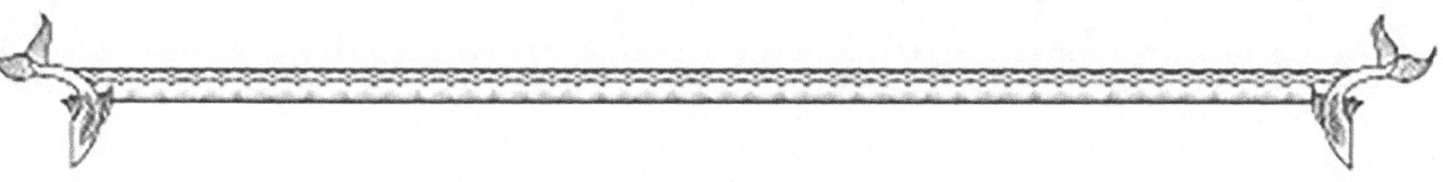

Неопределенное положение

Когда мы только приехали в Шанхай, к нам пришел пресвитер Забуцкий из русской церкви (Потлов к тому моменту уже уехал). Он принес нам обед и пригласил посетить собрание. В этой церкви был замечательный хор.

Также в Шанхае в то время жил и Бабкин, который очень помогал нам – он хорошо знал английский и переводил для нас все, что было необходимо. Конечно, жаль, что тогда никто не сказал нам, что нужно как можно раньше обращаться в американское посольство за квотой для беженцев.

В общем в Шанхае жизнь была вполне себе нормальная, но нам было очень непросто, потому что денег заработать достаточное количество было невозможно и потому что мы понимали, что скоро коммунисты придут и сюда. В Шанхае мы чувствовали, что находимся в очень неопределенном положении. В то время каждый из беженцев старался как можно быстрее выехать и поэтому, как только в канцелярии объявили, что появилось что-то новое, весь лагерь выстраивался в очередь. Вообще все беженцы в Шанхае находились, как говорится, «в подвешенном состоянии».

Первыми в Шанхай забирать беженцев приехали миссионеры из Австралии. Они приглашали к себе, в первую очередь семейных. Австралийцы приветствовали многодетные семьи и совсем не хотели помогать людям в годах. Мои братья – Михаил и Иосиф, к тому моменту уже семейные люди с маленькими детьми, записались как беженцы в Австралию, а у меня почему-то не было расположения уезжать с австралийцами, сейчас я думаю, что это Господь меня так направил. Вообще в моей жизни всегда было так: к чему было расположение, то и получалось.

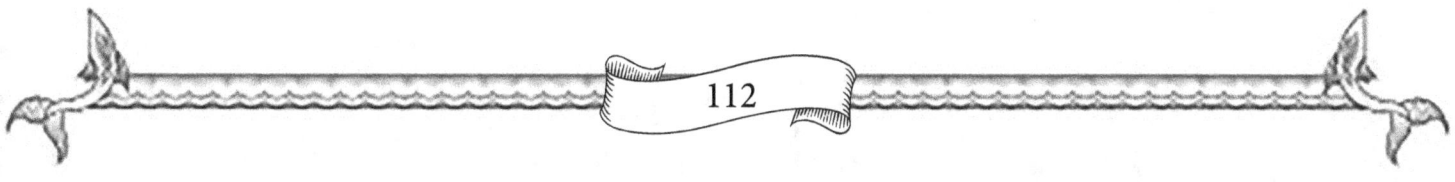

Консульство в Шанхае

В последствии у Иосифа и Михаила не получилось уехать, потому что при них была наша мама, а австралийцы на отрез отказывались ее брать, и Михаил, немного импульсивный молодой человек, очень рассердился и ушел. Немного позже австралийские миссионеры согласились забрать и нашу маму, но посовещавшись Михаил и Иосиф все-таки отказались плыть в Австралию. Из нашего лагеря вместе с австралийскими миссионерами отчалило два парохода заполненных беженцами. Даже можно сказать наши лучшие семьи уехали туда с детьми.

Перелет на Филиппины

Позже мы узнали, что если бы мы сразу как прилетели заполнили бы анкету в консульстве, то мы бы уехали еще перед тем, как на Филиппины эвакуировали беженцев.

Мы прожили в Шанхае около двух лет. Когда коммунисты начали подходить к Шанхаю, квота на переезд в США для нас еще не вышла. Тогда миссионеры помогли всем желающим в эвакуации. Среди покидающих Шанхай людей были не только русские, но и китайцы, не желавшие жить в коммунистической стране.

Весной 1949 года мы вылетели из Шанхая. В это время среди беженцев началась настоящая паника – все спешили как можно быстрее выехать, потому что очень боялись коммунистов. Перед тем, как эмигрировать на Филиппины, нам сказали, что необходимо отправить туда палатки и несколько молодых людей, чтобы разбить палаточный лагерь. Наш Василий очень быстро собрался и, взяв все необходимое, уехал вперед. Благодаря этому поступку Василия, мы должны были улететь первым самолетом.

Наш рейс был назначен на 8 утра, но самолет почему-то не подавали, объясняя это разными причинами. Когда время было уже 12 am, к нам подошел наш уполномоченный и сказал, что китайцы ждут от нас какой-нибудь подарок, и если мы не дадим им ничего, то они могут вообще не предоставить самолет. Мы начали собирать все деньги, которые у нас были, и как только деньги оказались у китайцев, нам подали самолет. Всю дорогу наш маленький самолет сильно трепало ветром. Мы долетели до Тайвани уже вечером, а с утра вылетели на Филиппинские острова. По прилету на наш остров, мы увидели разоренные бараки и строящийся для нас палаточный лагерь.

Михаэль Ноуленд

За время, проведенное нами в Шанхае, многие беженцы уехали и в Аргентину, их туда родственники и знакомые выписали; почти все пятидесятники отправились в Парагвай; а американское правительство медлило. Нам сообщили, что для европейских беженцев был специальный документ, по которому их пускали практически без ограничений, а для тех, которые едут через Китай должен был быть в конгрессе принят специальный билль.

Сенатор В. Ноулеанд

И этот билль внес сенатор от Калифорнии Ноулеанд. Это была очень затяжная процедура, и Ноуленд приехал к нам в филиппинский лагерь, чтобы познакомиться с нами и узнать нас получше. К приезду Ноуленда наши учителя из лагеря беженцев организовали хор из детей от 5 до 10 лет и научили их американским песням, в том числе и песне «California here I come» и гимну Америки.

Наши учителя часто слушали радио и записывали слова американских песен, а помимо этого в нашем лагере были очень талантливые люди, которые и сами сочиняли песни.

Приезд сенатора Ноуленда стал для нас памятной датой, очень жаль, что он через некоторое время погиб такой нехорошей смертью. Сам Ноуленд был человеком очень высокого роста, по сравнению с ним мы чувствовали себя достаточно низкими. У калифорнийского сенатора был необычайно быстрый шаг, и

Филиппинцы

организаторам нашего лагеря приходилось чуть ли не бежать, чтобы успевать за ним.

На Филиппинах была большая русская школа для детей, где шанхайцы преподавали на английском языке. Для взрослых же возможности собирать классы по обучению английскому языку не было. Однако в нашей церкви один из пасторов Эдик Падани помогал нам немного освоить язык.

Жизнь на Филиппинах

Наш остров был разделен на семь маленьких районов, которые находились примерно в полумили друг от друга. Каждый район на общем собрании назначил своего лидера. Нашим лидером стал Шевелев – он был очень грамотным человеком и хорошо говорил по-английски. Про него все говорили, что он «всегда из воды сухим вылезет».

Когда мы приехали на Филиппины и через некоторое время к нам присоединились пятидесятники, местное руководство выделило нам большую палатку для служений. Но пятидесятники почему-то отказались от совместного собрания, и тогда мы, баптисты, начали собираться в другой палатке. Православная церковь тоже располагалась в палатке. Спать в палатках было очень жарко, чтобы в палатки так сильно не нагревались, мы соорудили небольшой бамбуковый навес. Но в общем нам там нравилось: мы много гуляли под пальмами и купались в море, недалеко от нас был очень теплый залив.

Жизнь на Филиппинах

Пару бараков потом построили, конечно, но в них поместилось очень мало семей, только те, кто самыми первыми успели подать заявку на заселение. Вообще на Филиппинах нас было около пяти тысяч, но половина беженцев вскоре уехала в Австралию. Некоторые филиппинцы жили около моря, недалеко от нашего лагеря. Однако они практически не обращали на нас внимания. В жизненном укладе туземцев, для меня было очень странно то, что они не строили для себя дома: они делали шалаши из бамбука и покрывали их пальмовыми листьями. Эти жилища часто сносил тайфун, и они отстраивали их заново. А когда мы уехали оттуда, я читал в газетах, что на другом острове даже здания уничтожили сильные порывы ветра. Но во время нашего пребывания на Филиппинах, настолько сильных тайфунов не было.

Основными занятиями коренного населения Филиппин были торговля, рыболовство и земледелие. Они выращивали сладкую красную картошку и собирали кокосы. Туземцы, занимающиеся торговлей, с удовольствием покупали у нас кофе.

Во время нашего путешествия до Америки мы вели переписку с Петром Амегиным.

Берега Америки

На Филиппинах нам оказывали продовольственную помощь: выдавали муку, консервы, а иногда и свежее мясо. В каждом районе была организована своя кухня, и наши женщины целый день занимались приготовлением пищи. Также достаточно быстро в районах построили пекарни, где выпекали очень вкусный хлеб. На пищу невозможно было жаловаться. Овощи мы сами не сажали, потому что земли принадлежали туземцам, и мы поставили только палатки там, где они разрешили. Мы покупали свежие овощи на местном рынке.

На протяжении всего нашего пути от Шанхая до Америки нам очень помогали люди из IRO (Международной организации по делам беженцев), их заведующий - мистер Карбор даже приезжал к нам на Филиппины, чтобы проконтролировать организацию жизни в лагере и поставку продовольствия.
К тому моменту как коммунисты пришли в Шанхай все беженцы успели выехать.

Однако были семьи, которым удалось эмигрировать из Шанхая в Америку напрямую в начале шестидесятых. Это были те семьи, которые, узнав о нашей истории, приехали в Шанхай уже через несколько лет после нашего отъезда, когда политические отношения между Китаем и Советским Союзом немного пошли на спад. Многие из этой волны эмигрантов переехали в Америку через Бразилию и Чили, но действительно, были и те, кому удалось эмигрировать напрямую в США. Насколько я знаю, многие из этого потока переехали в Австралию, которая тогда с радостью принимала советских эмигрантов. Были и те, кто, пожив в нищете в Шанхае вновь вернулись в Советский Союз.

В общей сложности мы на Филиппинах прожили два года. Когда был принят билль о беженцах, американское правительство забрало всех эмигрантов, которые жили на островах: и стариков, и детей, и инвалидов. Американцы, в отличие от австралийцев, не делили людей на группы. Единственным исключением стали люди, страдающие туберкулезом, им американские консулы помогли отправиться во Францию, в город, где располагалась известная больница, специализирующаяся на лечении этой болезни. После лечения эти семьи все приехали в Америку.

Мы выехали в Америку в декабре 1950 года. Мы попали на первый пароход и приплыли прямо к берегам Сан-Франциско. Там нас встретили прихожане баптистской церкви и наши знакомые, в том числе и семья Амегиных. Петр Григорьевич вообще оказал огромное содействие в нашем переезде – он искал в Америке спонсоров, которые могли бы оплатить наш переезд и предоставить нам первую работу.

Впечатление об Америке было хорошее, несмотря даже на то, что на пристани был обыск, но он был больше добровольный. Таможенники были очень добры к нам и только спрашивали, что у нас в чемоданах.

Река веры

Зимой 2020 года, разбирая документы в офисе Миссии «Слово к России», я наткнулся на стопку стареньких кассет. Я взял их в руки и ритм моего сердца начал учащаться, я не верил своему счастью, ведь это были именно те кассеты, на которые в далеком 1980 году я записал интервью с папой. Долгое время я думал, что они были утеряны во время переездов. Я тут же начал переслушивать нашу беседу с папой и на моих глазах появились слезы. Как я мог так долго откладывать написание книги, основанной на рассказах моего отца? Как я мог забыть об этих кассетах? Эти вопросы крутились у меня в голове, но взяв себя в руки, я решил: медлить больше нельзя, и приступил к написанию истории нашей семьи. Первая часть книги, рассказывающая о путешествии из Чилика к берегам Сан-Франциско, была написана исключительно со слов моего отца, и вспомнив его завет продолжать записывать историю семьи, я приступил к созданию второй части, которая подробно описывает жизнь Локтевых в Америке. Моя идея продолжить папину книгу была очень тепло воспринята нашей семьей и в течении одного месяца все мои братья, сестры, их дети принесли мне множество материалов и рассказали более ста интересных историй о своих семьях.

Михаил Локтев

НАШЕ ДЕТСТВО

Иисус любит маленьких детей,
Всех детей мира.
Красных и желтых,
черных и белых,
Все драгоценны в Его глазах.
Иисус любит маленьких детей
всего мира.

Христианская песня.

Дорога к Америке

Как уже писал мой отец, мы приплыли на первом корабле, который доставлял беженцев к берегам Сан-Франциско. Это путешествие отложилось в нашей памяти на долгие годы. Только оказавшись на палубе корабля, мы увидели множество вкусной еды, которую нам не доводилось попробовать ни в Китае, ни на Филиппинах. Особое впечатление на нас произвели хот-доги и содовая. Их вкус казался нам, детям из семей беженцев, чем-то невероятным.

Корабль для перевозки беженцев – 1950 г

Я помню, в первый же день нашего пребывания на судне, мой младший братик Юра съел так много хот-догов, что уже к вечеру у него разболелся живот и до нашего прибытия мама не отходила от него. Нельзя не вспомнить и о том, что, так как это было для многих семей беженцев первое путешествие на корабле, у некоторых началась морская болезнь, которая в первую очередь сказалась на детях. Переев вкусностей и попав в качку, многие из нас доставили дополнительные хлопоты родителям, поэтому, выйдя на берег Сан-Франциско, все были немного уставшими.

Первый День в Америке

Сан-Франциско – 1951 г.

Я помню, как в Шанхае я и мой брат Анатолий Кузнецов любили смотреть с пригорка на проезжающие вдали машины. Мы называли это «видочка», от слова вид. Нас завораживали автомобили, и мы долгими вечерами размышляли о том, а есть ли машины в Америке. В тот момент мы мечтали увидеть их как можно больше. Там же мы встретили девушку нашего возраста, которая, увидев с каким восторгом мы смотрим вдаль, присоединилась к нам и тоже долго вглядывалась

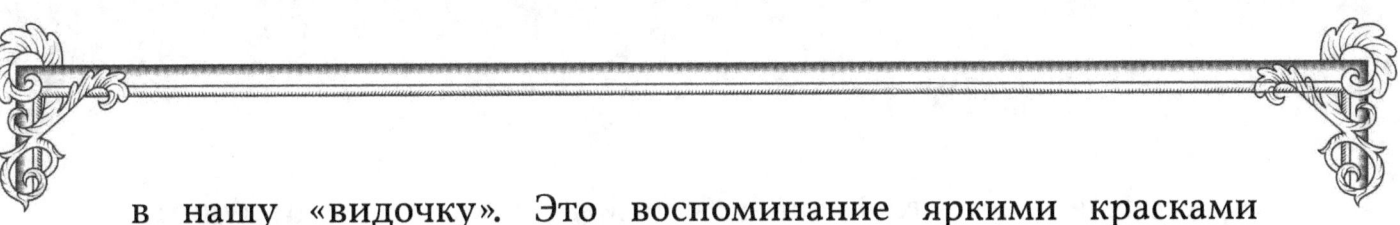

в нашу «видочку». Это воспоминание яркими красками напомнило о себе, когда мы очутились в Сан-Франциско. Нашим первым удивлением стало огромное количество машин, которые спешили по делам и наполняли дороги особенной жизнью. Увидев эту картину, мы с Анатолием переглянулись и улыбнувшись пошли вслед за родителями.

Семьи Потловых и Амегиных, которые встретили нас практически у корабля, приняли нас очень радушно и в первый же вечер мы все вместе отправились на служение.

Дом Амегиных

В первый же день Амегины пригласили нас в свой дом. Это было небольшое двухэтажное здание, и мы, заселившись в две просторные комнаты на втором этаже, смогли хорошо отдохнуть после нашего изнурительного путешествия. Глава семьи Амегиных – Петр Григорьевич был очень гостеприимен и внимателен по отношению к нам, его жена тетя Люба оказалась очень заботливой и хлебосольной хозяйкой, а их дети стали нашими хорошими друзьями, близкие отношения с которыми мы поддерживали на протяжении всей жизни.

Поселившись в доме Амегиных, мама, папа, Василий и Лида начали искать работу. Василий смог достаточно быстро устроиться в Capitol Chevrolet в Даун Тауне на улице Джей механиком. Мама занялась уборкой домов, а папе Петр Григорьевич помог устроиться на железную дорогу красить вагоны. Лида и Василий по приезду начали посещать вечерние курсы английского языка, а спустя некоторое время Лида устроилась на работу по уборке домов. Бен практически сразу отправился в старшие классы школы в Вудланде, а мы – младшие дети – я, Юра и Коля с неописуемым восторгом каждое утро подбегали к окну и смотрели как наш Бен и старшие дети Амегиных, собравшись на углу улицы, садились в большой и красивый школьный автобус.

Тогда мы мечтали, что когда-нибудь мы также как и они будем собираться на углу, и вместе с нашими друзьями отправляться в школу. Так мы прожили несколько недель в доме Амегиных.

Школа

Прожив несколько дней в гостях у Петра Григорьевича, папа начал искать новый дом. Это было очень важно для нас, так как наша семья с трудом помещалась в представленных нам комнатах, и мы понимали, что немного стесняем хозяев. Если честно, мы – дети совсем не хотели переезжать, потому что за две недели нашего пребывания в доме Амегиных мы очень сдружились с нашими новыми товарищами. Однако папа нас успокоил и сказал, что мы будем жить недалеко от Амегиных и ходить вместе с их детьми в одну школу. Это обрадовало нас и мы начали готовиться к переезду.

Школьный автобус – 1951 г.

Переехав в свой дом, который располагался в Брайте, совсем неподалеку от дома наших друзей, папа устроил нас с Юрой в начальную и среднюю школу, в ту же, где учились дети

Амегиных. Лида, дочь Петра Григорьевича, провела нас в наши классы и представила одноклассникам американскими именами, так я стал Майком, а Юра – Джорджем. Учеба в американской школе давалась нам без особых трудностей, так как и в Шанхае, и на Филиппинах мы ежедневно посещали уроки английского языка. Однако некоторые казусы все-таки случались. Особенно мне запомнился случай, который произошел с моим младшим братом Юрой.

В детстве Джордж был очень стеснительным и застенчивым парнем, он очень переживал, что из-за его акцента одноклассники будут над ним смеяться. В первые школьные дни его скромность мешала ему даже назвать свое имя, не говоря уже о том, чтобы попросить помощи у других ребят, и когда одноклассники, желая познакомиться спрашивали Джорджа о том, как его зовут, он аккуратно выписывал свое имя на парте. Учительница Джорджа в первое время даже сочла его молчание и надписи на партах за нежелание участвовать в уроках и хулиганство, а потом и вовсе разозлилась на него. Джордж, увидев реакцию учителя, решил проявить себя наилучшим образом. Имея математический склад ума и дождавшись первого теста по арифметике, Джордж сделал свою работу быстрее всех. Однако из-за языкового барьера, не поняв до конца, что разозлило учительницу, вновь записал все ответы на парте. Увидев, что стол вновь исписан, разгневанная преподавательница порвала тест Джорджа. Тогда он очень расстроился, но поняв в чем дело, перестал писать на партах и извинился перед учительницей.

Мне же с учительницей повезло намного больше – моя учительница мисс Вингерт, узнав, что я только недавно приехал в США и разглядев мой потенциал как художника, стала всячески подбадривать меня и помогать мне. Она всегда говорила, что в

Америке можно добиться всего, чего пожелаю и водила меня по художественным галереям.

Церковная Жизнь в Америке

Когда мы переехали в Брайт, мы сразу же начали ходить в местную русскоязычную церковь, которая располагалась в обычном жилом доме.

Несмотря на то, что наша церковь была очень маленькой, а паства в первые годы составляла не более 50 человек, у нас был замечательный хор. Петь в нем вместе с Юрой для меня было большим удовольствием. К тому времени дети из нашей эмиграции отлично знали ноты и имели большую любовь к музыке. Этому по большей части поспособствовали уроки, которые на Филиппинах нам преподавал мой дядя Иосиф. С его легкой подачи каждый ребенок освоил свой музыкальный инструмент и смог развить себя с творческой стороны.

Как я уже говорил, наш молитвенный дом был очень маленьким, и вскоре, когда к нашей церкви присоединились новые члены, мы поняли, что места для проведения служений не хватает. Тогда мы приняли решение, что нам просто необходимо построить новую церковь. Мы понимали, что это долгий процесс и, чтобы все желающие могли участвовать в служении уже сейчас, начали проводить наши воскресные встречи в Зале Ветеранов на углу на углу улиц Шорт и Лисбон. Это решение очень помогло нам.

В постройке нового молитвенного дома активно приняли участие семьи Амегиных, Гранчуковых и наша, а в сборе денег на создание церкви нам очень поспособствовали пастора из южного объединения баптистов.

Вместе мы построили церковь на пересечении на пересечении улиц Солано и Хобсон. Мы выкупили большой участок земли и начали строить. Все строительные работы мы проводили сами от начала и до конца. Анатолий Амегин руководил процессом, а мы во всем помогали ему. В итоге у нас получился небольшой, но очень уютный молитвенный дом, который смог в себя вместить всех членов нашей церкви.

Однако скоро приехали новые беженцы из Южной Америки и нам пришлось еще больше расстраиваться. Александр Шевчук - один из вновь прибывших и будущий глава плана постройки добился для нас всех необходимых пермитов. И когда церковь была построена, к нам приехал очень сильный проповедник - харизматичный брат Забуцкий и наша церковь зажила новой жизнью.

Первый Год в Америке

1951 год принес много изменений в нашу семью. В этом году из Фресно в Брайт переехала семья Кузнецовых; я, Бен, Джордж и Ник обрели множество англоговорящих друзей и научились играть в популярные американские игры, такие как бейсбол, гандбол и софтбол; Василий женился на Валентине, с которой он дружил еще с Шанхая; а Лида вышла замуж за Валентина Потлова. Эти перемены наполнили нашу жизнь новыми эмоциями. Свадьба Василия проходила в Сакраменто в нашей церкви, это было очень скромное торжество, а свадьбу Лиды мы отмечали в Сан-Франциско. Эта была дружная свадьба. В тот день мы ближе познакомились с семьей Потловых, с которыми впоследствии мы вместе участвовали во многих миссионерских проектах.

Лида и Валентин

Лида и Валентин Потловы – 1952 г.

История любви Лиды и Валентина началась еще в Шанхае в небольшой баптистской церкви, где Петр Васильевич Потлов – папа Валентина служил пастором, а Валентин играл на пианино. По приезду в Шанхай мы отправились в молитвенный дом и Лида, которой на тот момент было около 15 лет, сразу же обратила внимание на статного и талантливого пианиста. И действительно, Валентин был удивительным человеком – он заканчивал обучение в филиале французского медицинского университета «Аврора», работал врачом скорой помощи, свободно общался на четырех языках – английском, французском, русском и китайском, а также был очень хорош собой. Однако в силу разницы в возрасте, составлявшей чуть более семи лет, Валентин совсем не обращал внимания на Лиду. Ситуацию изменил один неприятный случай.

В то время Лида работала уборщицей в одном из отелей Шанхая, и убираясь на одном из верхних этажей, она поскользнулась и упала, получив серьезную травму. Сотрудники отеля сразу же вызвали скорую и, к удивлению Лиды, одним из приехавших на вызов врачей оказался Валентин Потлов. Увидев его, Лида радостно воскликнула «это же Валентин» и перестала плакать, несмотря на сильную боль. Валентин осмотрел Лиду, и поняв, что у нее сломана щиколотка отвез ее в больницу. В машине скорой помощи Валентин положил руку на колено Лиды, и

Лида поняла, что между ними начала разгораться искра. Однако вскоре жизнь разлучила их – семья Потловых уехала жить в Америку, а мы остались в Шанхае и спустя некоторое время отправились на Филиппины.

За время разлуки Валентин встретил другую девушку – свою ровесницу и обручившись с ней отправился на армейскую службу.

Подплывая с Филиппин к берегам Сан-Франциско, Лида очень надеялась увидеть Валентина среди встречающих. Но, к сожалению, в тот момент Валентин был в армии, и семья Потловых встретила нас без него. Младший брат Валентина – Женя Потлов отвез нас в Сакраменто и Лида подумала, что их с Валентином пути разошлись.

Спустя несколько месяцев в воскресное весеннее утро, когда Валентин вернулся со службы, братья Потловы решили приехать в нашу церковь в Сакраменто (Женя Потлов с отцом достаточно часто приезжали на наши служения и очень сильно помогали в развитии нашей церкви). В тот день Лида пела в хоре, и, только войдя в зал, Валентин сразу же заметил ее – девушку с красными волосами. Повзрослевшая Лида оказала сильное впечатление на Валентина, и тогда он понял, что все эти годы по-настоящему любил только ее. Он расторг помолвку с другой девушкой и сделал предложение Лиде. Наша семья была очень рада этому событию и вскоре Валентин и Лида сыграли большую свадьбу в Сан-Франциско.

Василий и Валентина

Василий и Валентина Локтевы – 1952 г.

История Василия и Валентины, конечно, была менее драматичной, чем история Лиды и Валентина. Василий и Валентина тоже познакомились в Шанхайской церкви, где Валентина пела в хоре. Ее прекрасный и сильный голос завораживал, а ее стройная фигура и длинные русые волосы не могли оставить равнодушным такого бравого парня как наш Василий. Только познакомившись с ней, Василий понял, что Валентина – именно та девушка, с которой он хочет связать свою жизнь. В то время Василий был выдающимся спортсменом, и даже можно сказать одним из лидеров местных команд по футболу и волейболу. Валентине очень нравился спортивный образ жизни Василия, и она приходила на все игры, чтобы поддержать его.

Когда Василий уехал строить лагерь беженцев на Филиппинах, Валентина очень скучала по нему и при первой же возможности отправилась на острова, чтобы помогать Василию. Их встреча на Филиппинах была очень эмоциональной и с того дня они не расставались.

Наша Церковь

Церковь, которую построили Амегины, Гранчуковы и мы, пользовалась большой популярностью в Сакраменто, так как была единственной баптистской церковью для русскоговорящих людей в нашем округе. Люди из самых далеких от Брайта пригородов Сакраменто ехали к нам, чтобы услышать Слово Божье, пообщаться с членами нашей церкви и послушать пение нашего хора.

Наша церковь поддерживала добрососедские отношения и с другими русскоязычными церквями. Например, Александр Шевчук - пятидесятник, который сыграл огромную роль в строительстве нашего молитвенного дома, женился на Нюсе Ткачевой – дочери нашего церковного казначея и с радостью посещал наши служения вместе с супругой.

С православными молитвенными домами мы тоже были в хороших отношениях: Борис Николаевич и Михаил Михайлович – два православных учителя, пришли к нам и помогли нам организовать при нашей брайтской воскресной школе специальные курсы, где детей обучали русской литературе и русскому языку. Благодаря этой школе многие дети из нашей эмиграции смогли сохранить русский язык.

Церковь Брайт – 1951 г.»

Благословенная Идея

Вскоре после постройки нашей новой церкви, многие ее члены озадачились вопросами о том, как наиболее эффективно благовествовать и как донести Слово Божье до тех, кто не может еженедельно посещать наши собрания. И действительно, так как мы были единственной русскоязычной баптистской церковь в Сакраменто многие нуждались в нас. И однажды на одной из встреч пасторов моему дяде Мише (брату моего отца) пришла в голову благословенная идея – он предложил записывать христианские радиопередачи для русскоговорящих верующих, проживающих в Северной Калифорнии. Эта гениальная мысль сразу же была одобрена всем руководством церкви и ее членами, и дело пошло.

Господь Зовет

Студия звукозаписи в Лоди – 1951 г.»

Недалеко от Сакраменто в небольшом городке Лоди в то время вещала на коротких волнах небольшая христианская радиостанция. Именно в нее и отправился дядя Миша после того, как члены нашей церкви проголосовали за создание небольшой студии звукозаписи при нашем молитвенном доме и за создание русскоязычной христианской радиопередачи. Знакомство с хозяином радиостанции прошло очень тепло – ему пришлась по душе идея о трансляции первой христианской радиопередачи для славянской коммьюнити. Немного времени поговорив про оплату и про другие нюансы, дядя Миша подписал с ним договор и через некоторое время еженедельно для русскоязычных жителей Сакраменто и прилежащих к нему городов начала выходить радиопередача «Господь зовет».

Возглавил радиопередачу дядя Миша – он организовывал радио-интервью с интересными людьми, корректировал материалы и организовывал рабочие процессы, а другие члены нашей семьи ему помогали: я вел небольшую программу, Юра – мой младший брат аккомпанировал на пианино песням и проповедям, а также пел, тетя Шура – жена дяди Миши читала стихи вместе с Валей – женой Василия и пела вместе с моей тетей Марусей христианские песни. Эта радиопередача вскоре очень полюбилась жителям Северной Калифорнии и в нашу церковь начали приезжать новые люди и стало поступать множество писем со свидетельствами наших слушателей, которые мы зачитывали в эфире.

Знаменательный Год

Так в заботах и ежедневной работе мы встретили 1952 год. Этот год оказался очень важным и знаменательным для моей семьи. В этом году родилась моя младшая сестренка Катя – прекрасный ангелочек с большими голубыми глазами – это было огромное благословение для нашей семьи. Она стала первым ребенком, родившимся в семье Локтевых в Америке. Также в этом году родились мои дорогие племянники – первенец моего старшего брата Василия – Павел и Бен – первый сын Валентина Потлова и моей старшей сестры Лиды.

В этом же году мы почувствовали, как выросла наша церковь и то, как наша жизнь наполнилась приятными хлопотами. К этому моменту наша семья уже достаточно твердо стояла на ногах, и мы прилагали все усилия, чтобы помочь эмигрантам, недавно приехавшим в Америку обустроиться. Мой папа вместе с Петром Амегиным помогали людям найти работу и снять жилье, Василий помогал с выбором машины и даже бесплатно чинил их для тех, кто нуждался в его помощи, но не имел

Мама с Катей – 1952 г

средств оплатить его работу, а мы – дети помогали другим подросткам влиться в наше общество.

Школьные Друзья

Также в 1952 году со мной произошла замечательная история, который я до сих пор вспоминаю с огромной теплотой в сердце. Как известно, после Второй мировой войны у двух таких внушительных сверхдержав как Соединенные Штаты и Советский Союз началась гонка вооружений, которая к началу 60-х плавно переросла в холодную войну, наполненную пропагандой и взращиванием тревоги в сердцах людей. Это сильно коснулось и меня в школьные годы, так как именно тогда

Эдгар Гувер и Джозеф Маккарти начали антикоммунистическую политику, которая провоцировала давление на русских со стороны американцев.

В то время в школах даже были введены специальные учения по технике безопасности при военной атаке от коммунистов – нас тренировали по тревоге прятаться под парты. Эти действия настроили многих учеников школы, особенно парней, против меня и моего немецкого друга. Однако девочки не воспринимали провокации всерьез и благодаря моему таланту как художника и моей любви к портретному искусству, в силу которого первые красавицы школы на тот момент уже имели картины со своим изображением, поддерживали со мной дружеские отношения.

Однажды, когда я учился в 8 классе в конце 1952 года, я шел со школы погрузившись в свои мысли, как вдруг меня окликнул задира Джим с несколькими другими ребятами. Я сразу понял, что они подкараулили меня специально и только я остановился, свора парней подтолкнула Джима ко мне, чтоб он ударил меня, но не рассчитав удар он промахнулся и упал, а эти ребят разом закричали про меня «Он русский, он знает карате!». Эта ситуация знатно озлобила их, а я понял, что против них у меня нет никаких шансов, ведь их было много, а я не умел драться, да и проигрывал им по силе – я с детства имел небольшой рост и абсолютно не был приучен решать дела кулаками. Однако ситуация решилась, когда из-за угла в нашу сторону вышли две мои подруги – красавицы мексиканки, чьи портреты я не так давно рисовал. Удивившись неадекватному поведению в отношении меня девочки подошли к этим ребятам и сказали им, что если те будут обижать их друга Майка, то им придется ответить перед братьями девушек. Мальчишки тотчас отступили и больше никогда не задирали меня, а дружбу с этими мексиканскими девушками я пронес в сердце через всю свою жизнь несмотря на то, что после школы мы разъехались по разным городам и я больше их не видел.

Подарок маме

Как я уже говорил 1952 год принес множество изменений в жизнь нашей семьи. Практически сразу после рождения Бена Валентина Потлова отправили на новое место службы в одну из крупнейших на то время военных баз Америки, расположенную в Техасе в небольшом городке в Сан-Антонио, и Лида вместе грудным ребенком переехала с ним; мой брат Бен закончил школу и поступил в университет на факультет инженерии; мой младший брат Юрий перешел в среднюю школу, где его новая учительница миссис Виганд сразу оценила его талант по математике и определила его в самую высокую группу.

Однако самые большие изменения коснулись моей мамы – в 1952 году – она впервые стала бабушкой, и так как у нее у самой в этом же году родилась дочка, большую часть забот о малышах она взяла на себя. Честно говоря, иногда мне казалось, что она немного уставала, и мы вместе с Юрой и Колей в свободное от учебы время со всем энтузиазмом старались ей помогать.

Дикая ежевика

В один из солнечных летних дней 1953 года я решил сделать для мамы что-то особенное, что-то такое, что ее точно обрадует. Недалеко от нашего дома протекала речка Сакраменто-ривер, а на ее противоположном берегу росла ежевика – одна из любимых ягод моей мамы. Кстати говоря, несмотря на небольшое расстояние между берегами Сакраменто ривер была достаточно опасной рекой – в ней было множество воронок и сильное течение. Однако я не раз ее переплывал и в тот день также без колебаний решил отправиться за ягодами для мамы. Переплыв на противоположный берег, я набрал ежевики, думая, что это будет отличным подарком. Я снял рубашку и положил ягоды туда, а когда начал переплывать на свой берег, течение подтолкнуло меня в воронку, из которой у меня не получалось выплыть.

В тот момент я почувствовал, что начинаю тонуть и бросил ежевику, но понимая, что не могу выплыть сбросил и туфли. Так без ежевики и обуви прибежал домой. Мама увидела меня, схватила и крепко обняла, а когда я рассказал ей историю, она сказала: «Какое же счастье что ты живой». Она залюбовалась мной и даже не стала меня ругать.

Прогулка к Реке

Моя младшая сестренка Катя и племянник Павел росли не по дням, а по часам, и время, проведенное в заботах о них, пролетало незаметно. Дом Василия и Валентины располагался недалеко от нашего и поэтому Павел был у нас частым гостем. За их с Катей детскими играми было забавно наблюдать. А когда, малышам исполнилось 3 года, мама начала все чаще поручать нам заботу о них.

Честно говоря, и Катя, и Павел были очень активными детками, что порой ставило нас в неудобные ситуации. Например, однажды, перед уходом на работу, Валентина завела Павла к нам и попросила Юру присмотреть за малышом, так как других взрослых на тот момент не было дома. Расположившись в кресле и взяв руки интересную книгу Юра стал наблюдать за веселой детской игрой. Как ни странно, и Павел, и Катя очень дружно перебирали игрушки и даже практически не шумели в тот день. Залюбовавшись мирной игрой и проникнувшись незадачливым детским щебетом, Юра задремал. Однако сон его был быстро нарушен – Валентина вернулась с работы, и увидев, что дома нет никого кроме спящего Юры, начала будить его и громко звать малышей. Каково же было удивление Юры, когда он, сомкнувший глаза всего на минутку, понял, что дети куда-то пропали. В ужасе Юра и Валентина оббежали весь дом и дворик, но Кати и Павла словно след простыл. Описать страх Юры и Вали за детей в тот момент словами было просто невозможно. К счастью, Валентина вспомнила, что, когда она приехала калитка была приоткрыта, и ни секунды не раздумывая, взяв с собой Юру, она направилась к речке. Пробежав примерно пол мили перед глазами испуганных взрослых предстала забавная картина, как два маленьких карапуза Катя и Павел, взявшись за руки шли к реке мило воркуя на своем детском языке. Валентина сразу же подбежала к малышам и отвела их в дом, а Юру вечером ждал серьезный разговор про ответственность за младших.

Мой Брат Василий

Как я уже говорил дом Василия располагался недалеко от нашего и поэтому мы часто бывали в гостях друг у друга. Их дом был чуть меньше, чем наш, но обладал каким-то особым уютом, в нем всегда кипела жизнь: к Василию часто приезжали друзья, в их гараже постоянно проходил ремонт машин наших эмигрантов-соотечественников, а Валентина всегда помогала нам и отвечала на наши вопросы о жизни и о Боге. Надо сказать она была очень ревностной христианкой и прилагала все усилия, чтобы все люди, которые были вокруг нее искренне открыли свои сердца Господу. С возрастом я все чаще вспоминаю те счастливые моменты, которые связывали нас со старшим братом и понимаю какой неоценимый вклад внес Василий и его семья как в нашу жизнь, так и в жизнь нашей коммьюнити.

С самого начала нашего путешествия из Казахстана в Америку, о котором писал мой папа, Василий делал все возможное, чтобы не только не обременять родителей, но и делать их жизнь легче. С пеленок он заботился обо мне, Юре и Коле, помогал маме с папой, а как только стал трудоспособен, отказавшись от поступления в университет, стал работать с папой на равных, поддерживая финансовое положение нашей семьи. Его вклад в нас – младших братьев не ограничивался деньгами, я до сих пор вспоминаю, как уставший после работы Василий играл с нами в баскетбол и в футбол, прививая нам любовь к спорту и здоровому образу жизни. Он всегда был лидером и мы, когда папа был в отъездах, во всем его слушались. Я даже думаю, что благодаря ему мои братья Бен и Юра в свое время были приглашены в школьные спортивные команды.

Роль Василия в жизни коммьюнити тоже невозможно переоценить. Еще начиная с Шанхая он вел активную деятельность по улучшению жизни беженцев. Василий вызвался одним из первых для построения палаточного лагеря на Филиппинах, а уже в лагере в свободное играл с подростками в спортивные игры и был одним из ведущих активистов церкви.

Оглядываясь назад, я понимаю, как это было важно для нас, ведь в то время не было особых развлечений, тем более на нашем острове. Приехав в Америку, мой брат не забыл о своем призвании помогать людям – несмотря на изнуряющую работу в автосервисе, он часто бесплатно брал к себе в гараж машины эмигрантов на починку, понимая, что эти люди просто не имеют средств для оплаты ремонта в автосервисе. Нас – младших братьев в Америке Василий тоже не забывал – каждый месяц, собираясь на выходные со своей семьей в горы он звал нас и вместе мы проводили счастливые часы купаясь в солнечных лучах и устраивая пикники в дивных парках Калифорнии. Одна из моих картин, которую я нарисовал вдохновленный пейзажами Йосемити парка, до сих пор висит дома у старшего сына Василия – Павла.

И спустя много лет после смерти Василия я благодарю Бога и считаю огромным благословением то, что Василий был моим старшим братом.

Лучшие Друзья

Время нашей юности пролетало незаметно, у нас было много друзей как русских, так и американцев, и мексиканцев. Мы вообще были приятно удивлены, что нас – русских ребят-эмигрантов местные дети воспринимали как «своих». В течение нескольких месяцев после приезда мы начали отлично разговаривать на английском языке, и я даже начал помогать своим одноклассникам во время контрольных работ и с домашними заданиями.

Однако больше всего мы были близки с детьми Амегиных. Как я уже писал они стали нашими первыми друзьями и именно с ними мы всегда двигались плечом к плечу как в юношеские годы, так и сейчас. И несмотря на то, что наша дружба длиться уже несколько десятилетий, я до сих пор помню их такими какими они были при первой нашей встречи.

Анатолий Амегин был ровесником моего брата Василия и его хорошим другом. Талант Анатолия как строителя ни раз выручал наших соотечественников. Анатолий не только помогал эмигрантам при строительстве домов, но и был главным организатором строительных работ при построении нашей церкви.

Семья Шелохвостовых (Амегиных) в Шанхае

Это был человек с огромным сердцем, наполненным добротой и любовью к Господу, он был отличным собеседником, любил юмор и умел радоваться мелочам. Но с нами- подрастающим поколением, Анатолий был очень строг и старался воспитать в нас трудолюбие и мужественность.

Бен Амегин – высокий и симпатичный парень был очень ответственным, серьезным и целеустремленным, и очень напоминал по поведению и взглядам на жизнь Петра Григорьевича Амегина. Бен был близким другом моего старшего брата Бена и настоящим лидером в нашей церкви – ежедневно он проводил большую работу, чтобы привлечь молодежь к служению. Бен мечтал быть проповедником и после армии, где он служил летчиком он поступил в христианский институт в Орегоне. Это был выдающийся молодой человек, однако трагедия, о которой я напишу немного позже, все перевернула.

Лида Амегина была очень бойкой, веселой девочкой с прекрасной улыбкой. Она всегда любила быть в центре внимания и ее легкий позитивный нрав обеспечивал ей эту возможность. Как только Лиде исполнилось 12 лет Петр Григорьевич стал брать ее с собой на встречи с американскими пасторами и потенциальными спонсорами для эмигрантов и для наших служений в качестве переводчицы. В свое время она сыграла большую роль в поиске средств для нашего переезда из Филиппин в Америку.

Юрий Амегин был очень удивительным, храбрым и уверенным в себе парнем. С первых же дней он стал хорошим другом для меня и моего брата Юры. Нас восхищали его стремление к саморазвитию, любовь к жизни и его внутренняя сила, несмотря на инвалидность (одна нога Юры была короче другой), он никогда не сдавался и не просил к себе особого отношения, а по вечерам даже играл с нами в баскетбол. Позже он стал очень востребованным доктором-окулистом и открыл в Техасе три глазные клиники. Юрий возил, как волонтер, очки в Мексику, помогая людям увидеть мир в ярких красках. И когда он накопил определенную сумму, он учредил благотворительный фонд для помощи людям со слабым зрением.

Алек Амегин был очень активным и сильным парнем. Он увлекался американским стилем жизни и старался мимикрировать под местных ребят. Алек был нашим хороших товарищем, и мы всегда могли поделиться с ними своими надеждами и переживаниями.

Но самое большее впечатление на меня произвела младшая дочка Амегиных – Надя. Она была очень красивой, стеснительной и скромной девочкой с большими голубыми глазами. Я с особой теплотой вспоминаю как она любила садиться рядом с мамой во время репетиций хора и слушать голоса хористок. В ней было что-то особенное, что невозможно передать словами, какое-то тепло, которое позволяло всем, кто находился рядом с ней чувствовать себя уютно и спокойно. Спустя 13 лет после нашей первой с Надей встречи, она согласилась выйти за меня замуж и сделала меня самым счастливым человеком.

Дружба с Амегиными сыграла огромную роль для всех членов нашей семьи и стала крепкой опорой для нас на долгие годы.

Slippery Gentlemen

В 1955 году мой старший брат Бен отправился на службу в армию, а я поступил в старшую школу в Вудланде. Учеба в старших классах мне давалась достаточно легко, а отношения с одноклассниками были очень хорошими. Но самое большое впечатление на меня производил мой учитель – мистер Гибсон. Это был очень приятный, умный и внимательный мужчина средних лет с огромным музыкальным талантом. В школе мистер Гибсон отвечал за развитие творческих способностей учеников и за время своей работы организовал более десяти музыкальных групп. Мой музыкальный талант мистер Гибсон тоже не оставил незамеченным и, когда я учился в 10 классе, он организовал трио «Slippery Gentleman», в которое пригласил участвовать меня и двух моих одноклассников. Мы были бесконечно рады этой возможности – выступать на сцене перед нашими сверстниками в стильных фраках, петь и играть на любимых музыкальных инструментах – что могло быть престижнее для ребят из моего поколения.

Мы были достаточно успешны, и год спустя к нашей музыкальной группе присоединилась моя одноклассница Дженни. Это была симпатичная девушка с волнистыми каштановыми волосами и очень выразительными чертами лица. Мы с радостью приняли ее в наш коллектив и наше трио стало музыкальным квартетом. Узнав Дженни поближе, я был восхищен ее добротой и умению создавать атмосферу праздника, где бы она не появлялась. Она была типичной американкой, основными чертами характера которой были доброта и толерантность. Американцы в принципе с радостью и открытым сердцем были готовы принять любых эмигрантов несмотря на политические отношения США с другими странами. Дженни привнесла в нашу музыкальную группу особый задор и встречаясь позже мы с доброй улыбкой вспоминали нашу сплоченную группу, веселые выступления и то, как смущалась Дженни, когда мы играли песню «I dream of Jeanie».

Закончив учебу, наш квартет разъехался по разным городам. Только с Маршалом – моим другом из Slippery Gentleman мы поддерживали отношения долгие годы (он остался жить в Вудланде), а когда я встречал его на улице он всегда громко провозглашал «Привет, Майк, это я Маршал Сторз!» после этого мы заходили в ближайшее кафе и с особой теплотой обменивались воспоминаниями о чудесных годах, проведенных в старшей школе Вудланда.

Мистер Гибсон – наш учитель продолжил свою работу и создал еще несколько подростковых музыкальных групп. Это был выдающийся человек, пользовавшийся огромным уважением, как у учеников, так и у их родителей, и когда он ушел на пенсию, в честь него администрация города даже назвала улицу, на которой он проживал в Вудланде. Сейчас это очень оживленное место, где расположено множество медицинских офисов и небольших кафе.

ЖИЗНЬ В США

Жизнь в Америке оказалась прекраснее, чем мы могли себе представить.
Здесь у нас появилась настоящая свобода и мы обрели дом.
В Америке наша семья разрослась, и мы благодарны Господу за его водительство и благословение, которым наполнены наши дни.

Раскол

Как я уже говорил ранее, в 1952 году совместными усилиями прихожан нашей церкви, мы построили новый молитвенный дом на улице Solano, 702. Однако наша радость от возможности собираться в новом светлом помещении продлилась недолго. Долгожданное новоселье омрачало то, что это здание было приобретено при финансовой поддержке Северного Американского Союза Баптистов, а новая церковь на пересечении Solano и Hobson была построена при помощи Южного Американского Союза Баптистов.

Узнав о приобретении нового здания, члены Северного Американского Союза Баптистов написали в нашу церковь официальное письмо, в котором говорилось, что они против использования дома, купленного за их счет, в любых целях кроме Богослужения. Семья Марии Бондаренко, проживавшей на тот момент в этом доме и присматривающей за ним, поддержала мнение братьев из Северного Союза и в результате между членами нашей церкви произошел раскол. В молитвенном доме на улице Solano, 702 осталось несколько семей: Водневские, Бондаренко, Зелинские, Пилипенко, Куденчук, Горобок и Вилнивские. Остальные же семьи перешли в новую церковь.

Ситуация с расколом усугублялась еще и тем, что братья из Тихоокеанского объединения ЕХБ поддержали решение семей, оставшихся в молитвенном доме на улице Солано, 702. Разъединение некогда близких христиан продлилось в течение целых 5 лет.

Русскоязычная Церковь Евангельских Христиан-Баптистов

После раскола наша семья и семья Амегиных перешли в здание новой церкви. В 1955 место пресвитера Петр Григорьевич передал Ефиму Забудскому. Ефим Викентьевич вел активную работу в молитвенном доме и благодаря его трудам 6 января 1957 года было восстановлено единство наших церквей. На общем собрании обе стороны – члены Русской церкви Евангельских христиан-баптистов и члены Русской баптистской церкви обсудили все основополагающие вопросы и вместе выбрали название для нашего молитвенного дома - Русская церковь Евангельских христиан-баптистов. Пресвитером для вновь объединившихся христианских служений выбрали Ефима Забудского. Проведя год в качестве лидера Русской церкви ЕХБ, Забудский по семейным обстоятельствам был вынужден отправиться к дочери в Австралию, а на место пресвитера был назначен С. Дьяченко. На этой должности он проработал всего год, и в 1959 году на общем собрании прихожане нашей церкви старшим пастором избрали моего папу.

Мы очень радовались за него и всячески старались его поддержать. Вместе с ним вся наша семья принимала активное участие в благовестии, вела активную деятельность в записи радиопрограмм. Количество семей, посещавших наши служения, увеличилось с 68 до 87.

Папа

Несмотря на большую занятость в церкви, папа никогда не забывал и о нашем воспитании. Как я уже говорил, в школе, в которой я учился, были замечательные учителя. Они, рассмотрев мой талант к искусству живописи, всячески поддерживали меня, говоря, что Америка – лучшее место для реализации творческого потенциала. Благодаря поддержке моих учителей и тому, насколько высоко ребята из моей школы оценивали мои работы, к окончанию школы я точно знал в какой колледж я хочу поступить. Мой выбор пал на Художественный колледж в Сан-Франциско.

Мои родители отнеслись к моей идее посвятить свою жизнь искусству по-разному: мама была настроена весьма скептически и даже озвучила свои опасения о том, что

Мама и папа - 1973 г.

художник далеко не самая прибыльная профессия, а папа несмотря на то, что по объективным причинам мама была права, поддержал меня, сказав, что уважает мой выбор и даже сделал для меня небольшую студию.

Вообще папа всегда поддерживал наши начинания, и был очень добр по отношению к нам. Более всего папа заботился о том, чтобы мы были успешны и образованы. С самого детства он делал все возможное, чтобы приучить нас к чтению, а также к усердному выполнению школьных заданий. Сам папа очень много читал, особенно сильно он любил русскую классику. Я до сих пор помню, как по вечерам папа садился в кресло и вслух начинал читать рассказы Чехова, тогда мы не понимали суть услышанного, а папа лишь улыбался. Наверное, эти моменты стали одними из самых теплых воспоминаний моего детства.

Семейные праздники

Раз уже я заговорил про теплые воспоминания, то невозможно не вспомнить наши семейные праздники. Они всегда проводились с музыкой и пением. Папа каждый раз пытался собрать всех нас вместе, а мама готовила большой обед, на котором всегда было много пирожков, а после ужина папа садился в кресло и много читал нам на религиозные и миссионерские темы или русскую классику. Мы не всегда понимали Чехова, но, когда папа смеялся, мы дружно улыбались. Больше всего нам нравилось, когда папа рассказывал нам о прошлом, в эти моменты мы замолкали и внимательно слушали. Его любимыми историями были истории про Лиду, о том, как наш обоз окружили китайцы, и про меня, о том, как я получил один из самых ценных уроков в своей жизни. Так как папа не внес эти истории в свою книгу, я ниже расскажу их.

Мои братья – 1982 г.

В нашей гостиной стояло пианино, мы считали это очень важным. Василий всегда приходил с аккордеоном, а Вениамин с мандолиной. Мы начинали петь, Юрий подхватывал мелодию на пианино, а Василий и Бен вливали в композицию новые краски. Чуть позже я научился играть на тромбоне, и несмотря на то, что на тот момент еще не очень хорошо играл, у нас получалась замечательная мелодия. Я тогда очень полюбил эти праздники с песнями, и сейчас отмечая праздники в американских, не таких музыкальных семьях, я очень скучаю по этим дням.

И даже спустя столько лет, наши семьи пытаются хранить эту традицию и на семейных праздниках кто-то тихонько говорит: «А давайте споем» и наши сердца вновь наполняются теплыми воспоминаниями. А после мы вместе вспоминаем его рассказы.

Семейные праздники

Папины любимые истории о Китае

Когда почти сорок лет назад я записывал папины истории на диктофон, он старался сосредоточиться на описании нашего пути и на исторических фактах, а не на интересных случаях, которые происходили с нами. Вообще папа обладал аналитическим складом ума, он всегда стремился дать как можно больше ценной информации и конкретики. Я думаю, именно поэтому он не упомянул свои любимые истории в интервью. Но сейчас я расскажу их вам.

Семья Локтевых -1952 г.

Первая история произошла, когда мы жили в Кульдже. Тогда мне исполнилось всего 8 лет и мама впервые отправила меня одного в магазин, который располагался в миле от нашего дома купить немного масла. Я взял бидончик и быстро добежал до него радуясь возможности побыть на свободе. Хозяин небольшого магазинчика хорошо знал меня и даже подарил мне леденец. Он налил мне масла, закрыл крышку бидончика и я побежал обратно. Я был очень рад, что помог маме и тому, что получил любимую конфету. В тот момент я хотел, чтобы все вокруг были также счастливы, как и я.

Мои мечты нарушил нарастающий лай на другой стороне улицы где я увидел несколько собак, которые были на грани, чтобы начать драку. Не знаю, что они там не поделили, но эта ситуация не вмещалась в мой счастливый внутренний мир и я решил примирить их. Я подумал, что, если бросить в «спорящих» собак камень, они отвлекутся на него и перестанут лаять. Как только камень достиг своей цели, собаки перестали лаять, посмотрели на меня, а затем дружно бросились в мою сторону. Они сбили меня с ног и начали кусать...

Очнулся я уже в своей постели видя полные слез глаза моей матери надо мной. Она рассказала мне, что наш сосед-китаец проходил мимо, и увидев происходящее, прогнал собак своей длинной палкой, а потом принес меня домой на руках и поспешил за доктором.

После этого случая меня еще много лет мучили ночные кошмары, а папа сказал мне, чтоб я никогда больше не бросал "камни", чтобы помирить спорящих собак или людей. «Блаженны миротворцы», которые не бросают камни, чтобы достичь мира.

Вторая история, о которой очень любил вспоминать папа, случилась через несколько лет, когда мы переезжали из Урумчи в Ланьчжоу. В Китае шла гражданская война, а мы ехали на маленькой бричке по не самой оживленной дороге. По пути нас остановила группа одетых в лохмотья голодных и вооруженных солдат. Они потребовали еды, и папа дал им немного хлеба, но этого оказалось недостаточно, и он попросил маму приготовить немного мяса. Лида решила помочь маме, и мы все вышли из брички. Солдаты сразу обратили внимание на мою сестру – ее огненно-рыжие длинные волосы и яркие веснушки были редкостью в этих краях. Солдаты подошли и стали трогать Лидины волосы. Отец, увидев это, решил разрядить обстановку и велел моим братьям начать играть музыку. У нас были аккордеон, балалайка и гитара. Вместе мы начали играть и петь. В тот день мы вспомнили несколько патриотических китайских песен из школы и даже одну или две народные песни. Солдаты отошли от Лиды, и улыбаясь начали подпевать нам. Когда мы закончили петь, еда была уже готова, и перед обедом, отец сказал, что хочет помолиться. Солдаты отложили винтовки и сложили руки вместе. Вся атмосфера изменилась. После обеда мы пили чай, а отец дал им в дорогу остатки мяса и картошки, а еще немного риса и лепешек. После того как солдаты ушли мы долго благодарили Бога за то, что только что пережили чудо.

Дядя Иосиф

Вернемся к моему рассказу.
Определившись с будущей профессией, я сдал экзамены в Art Instruction Incorporated и получил грант на обучение. На тот момент мои сомнения по поводу правильности моего выбора рассеялись, и с легким сердцем я переехал жить к моему дяде Иосифу и его жене тете Марусе в Сан-Франциско, в город в котором располагался мой университет. У дяди Иосифа и тети Маруси была достаточно большая семья и я, как и мои братья и сестры, обожали бывать у них в гостях. Дети дяди Иосифа и Тети Маруси – Петя, Лена и малыш Рувимчик, всегда искренне радовались нашему приезду, а тетя Маруся готовила для нас праздничный стол.

Приезжая в гости к любимому дяде, я всегда восхищался тем, насколько гармонично были выстроены отношения в его семье. Сам Иосиф обладал феноменальными музыкальными способностями. В свое время он сыграл очень важную роль в жизни всей нашей семьи. На Филиппинах он обучил всех деток читать ноты и привил детям эмигрантов из нашего палаточного лагеря любовь к музыке. В нашей семье он оказал Юрию огромное содействие в развитии его музыкального таланта и поддержал меня в моем стремлении к искусству живописи, а Павла сыночка Василия обучил игре на скрипке настолько хорошо, что позднее Павел, обучившись дополнительно игре на пианино, смог построить карьеру в Европе. Иосиф посветил всю свою жизнь служению в хоре. Он работал регентом и даже написал отличное пособие для регентов церквей, в котором были подробно описаны основы музыкальной грамоты, дирижерская сетка, примеры для распевов хора. Эта книга-брошюра впоследствии помогла многим церквям. Жена дяди Иосифа тетя Маруся была очень ухоженной, скромной и доброй женщиной. Несмотря на то, что у нее были серьезные проблемы со здоровьем, она всегда заботилась об окружающих и многие люди обращались к ней за мудрым советом. В их отношениях с дядей Иосифом царило глубокое взаимопонимание. Тетя Маруся поддерживала дядю Иосифа во всех начинаниях, а дядя Иосиф очень ценил спокойный и мягкий нрав тети Маруси.

Моя Надя

Моя учеба в Art Instruction Incorporated продлилась один год. Все это время я прожил в доме моего дяди Иосифа, только лишь на большие праздники, приезжая в родной Вест Сакраменто. В университетские годы я обрел множество друзей и создал художественные про екты, которыми горжусь до сих пор.

Мои приятели любили организовывать вечеринки, и моя жизнь казалась мне достаточно беззаботной. Тоску по дому также скрашивала симпатичная и довольно смышлёная блондинка Лида Кустобаева – дочка соседей дяди Иосифа. Я рисовал ее портреты и гулял с ней в свободное от учебы и встреч с университетскими приятелями время. Однако, несмотря на всю внешнюю беспечность тех лет, я четко осознавал, что есть что-то чего мне явно не хватает. Какая-то внутренняя тоска, которую не могли перебороть ни учеба, ни встречи с друзьями. Вы можете подумать, чего еще может желать молодой парень? Но я вам отвечу – искренности и высокого чувства. Оставаясь один на один с собой, я понимал, что все что происходит как будто бы не мое, я мечтал о другом – о тихом счастье с доброй, нежной и любимой девушкой.

Майкл и Надя Локтевы

В какой-то момент, прокручивая все события из недавнего прошлого, я четко осознал, что сильно влюблен в Амегину Надю, и что она – та единственная в мире девушка, с которой я хочу провести всю свою жизнь. Я вспоминал ее пронзительный и нежный взгляд, огромные небесно-голубые глаза и вьющиеся волосы. К середине моего обучения, я начал ощущать непередаваемую тоску по Наде и в один из первых весенних деньков, я отправился в гости к родителям, в надежде встретить

Надю, и рассказать ей о моих чувствах.

Поужинав у родителей, я решил прогуляться. Ноги сами подвели меня к дому Амегиных и я позвал Надю поговорить. Мы дошли до большого дерева с развесистой кроной. Это был прохладный вечер и во время нашего разговора дул легкий ветерок, создавая особую романтичную и запоминающуюся атмосферу. И вдруг, то ли от ветра, то ли от переполняющих меня эмоций у меня начался сильный озноб, и Надя, почувствовав это крепко обняла меня. Я не мог поверить своему счастью, и прижав ее к себе, понял, что мне ничего не нужно, кроме того, чтобы она была рядом. Эти объятия ярче любых слов выразили наше обоюдное желание провести вместе всю жизнь. Так мы простояли минут пятнадцать, а потом я проводил Надю до дома, потому что время было достаточно поздним, и ее ждала семья.

Бен и Ардит

Изменения в личной жизни в то время коснулись не только меня, но и моего старшего брата Бена.

Мой брат Бен был очень симпатичным, видным и улыбчивым парнем. Он всегда пользовался уважением у сверстников, а старшее поколение возлагало на него большие надежды. С детства Бен любил математику и мечтал стать первоклассным инженером. После окончания школы он с легкостью поступил в один из Университетов Сакраменто, что впоследствии обеспечило ему работу инженером в в государственной структуре.

Помимо математического склада ума и предрасположенности к точным наукам, Бен обладал ярко выраженными лидерскими качествами – он был прекрасным оратором, отличным организатором, и очень мудрым руководителем. Ему с легкостью давалось выстраивать крепкие отношения с людьми, вне зависимости от их возраста и социального статуса. Эти качества очень помогали Бену в исполнении его заветной мечты – стать пастором.

Еще во время обучения в старшей школе Бен часто просил папу научить его проповедовать, вместе они читали Библию и вели долгие дискуссии, обсуждая Слово Божье. Когда Бен поступил в Университет, он стал брать уроки по Богословию. Вообще жизнь Бена была сильно переплетена с Церковью. С самого детства он жаждал общения с Богом, читал множество христианской литературы и очень хорошо знал Библию. Ему нравилось посещать разные служения, в том числе и американские.

Однажды в студенческие годы Бен решил прийти на служение в одну из американских церквей. Речь пастора и атмосфера в этой церкви показались Бену особенными, и он начал посещать ее каждые выходные. Вскоре он познакомился с дьяконом Хокером. Это был очень добрый и мудрый мужчина в годах, и вскоре Бен и мистер Хокер нашли общий язык. А через некоторое время в церкви Бен встретил дочь дьякона - Ардит Хокер. Это была очень красивая и искренняя девушка с ярко-рыжими волосами, которая с первого же дня заставила сердце Бена биться по-особенному. Ардит тоже понравился Бен, но в то время обстоятельства складывались так, что они даже не могли подумать о том, что их дружба перерастет во что-то большее. Дело было в том, что Бен в скором времени должен был уйти в армию.

Через некоторое время после знакомства с Ардит, Бен отправился в армию, его определили на военную базу в Модесто. Служба Бена проходила мирно, но непередаваемая тоска по Ардит не давала ему покоя. И спустя несколько месяцев после отъезда он набрался смелости и написал ей письмо, в котором просил Ардит приехать и познакомиться поближе. Бен очень надеялся, что Ардит ответит ему, и что его желание продолжить общение окажется взаимным. Прочитав письмо, Ардит согласилась приехать. Это было огромной радостью для Бена и вскоре отношения Ардит и Бена вышли на новый уровень.

Вернувшись из армии Бен представил Ардит нам и сказал, что вскоре они сыграют свадьбу. Наша семья была очень рада знакомству с Ардит. Она поразила нас своим оптимизмом и особой искоркой, которая помогала всем окружающим чувствовать себя рядом с ней очень легко. Отец с радостью поддержал выбор Бена, и вскоре Ардит и Бен сыграли небольшую свадьбу по американским обычаям. Нам братьям и сестрам Бена Ардит тоже очень понравилась, и мы даже не заметили, как она стала частью нашей семьи и любимой гостьей на всех семейных праздниках.

Катя и Павел

Папа всегда старался поддерживать нас и с уважением относился к нашему выбору. Вместе с мамой они создавали все условия, необходимые для того, чтобы мы были счастливы. Мои родители были очень трудолюбивыми людьми и несмотря на то, что они уделяли много времени основной работе, они все время занимались делами по дому или нашим воспитанием, помогая нам по учебе, или разговаривая с нами о Слове Божьем. Я до сих пор не могу вспомнить ситуации, чтобы мама ругала нас или отец сильно наказывал нас за проступки. Хотя один случай все-таки был.

Однажды к нам в гости приехал Павел – старший сын моего брата Василия, и папа остался приглядывать за ним и моей младшей сестрой Катей. Был достаточно жаркий день и пока дети игрались на площадке у дома, папа занимался садовыми делами. К слову, к этому моменту и Кате и Павлу уже исполнилось лет 6-7. Папа подрезал ветки деревьев, периодически поглядывая на детей, как вдруг отголоски веселой детской игры стихли. Папа сразу же насторожился и решил проверить, чем заняты Катя и Павел. После не долгих поисков папа увидел, что детки залезли на крышу пристройки. Ее высота была не большой, но при неудачном падении, травмы могли оказаться внушительными.

Однако наших маленьких любителей приключений эта высота ничуть не настораживала и в какой-то момент папа понял, что Катя и Павел уже ни раз залезали на эту крышу. Обдумав ситуацию, строгим голосом папа сказал им слезть, но с первого раза дети не послушались, и лишь на третий раз, поняв насколько раздражен папа их поведением, они покорно спустились с крыши. В этот день папа был очень раздосадован их поведением и даже отшлепал Павла, а потом его вместе с Катей очень сильно отругал. С тех пор дети перестали лазить на крышу. Но несмотря на то, что любимый папа и обожаемый дедушка так «несправедливо» по мнению детей поступил, не разрешив им наслаждаться прекрасным видом с крыши и играть в выбранном ими месте и к тому же отругав их, они ничуть не обиделись на него, и уже через час с удовольствием начали помогать ему в работе по саду.

Серьезный шаг

К этому времени я уже вернулся из Сан-Франциско и устроился на должность учителя в местную школу. Здесь я начал преподавать рисование и английский язык. Мне очень нравилась работа в школе – я быстро подружился с коллегами, а дети с удовольствием приходили на мои лекции.

Несмотря на то, что на тот момент я был очень молод и как говорится не твердо стоял на ногах (в финансовом плане), я очень хотел семью. Наверное, меня сильно вдохновляли примеры из жизни моих родителей, дядей и тетей, а также Лиды, Василия и Бена. Их семьи были очень крепкими и благословенными, в них не было места упрекам и ссорам.

И однажды, раздумывая о своем будущем я осознал, что готов к созданию семьи. Мои мысли подкреплялись еще и тем, что на тот момент мои отношения с Надей становились все крепче и я перестал в принципе представлять свое будущее без нее. Это был серьезный шаг – я понимал, как молода Надя (ей было всего 18 лет) и очень боялся, что она ответит мне отказом. Долгое время я не решался сделать ей предложение и ждал «подходящего момента». Мысли проносились с невероятной скоростью и каждый раз, когда я прокручивал в голове предстоящий разговор, сердце начинало биться быстрее, а по телу пробегала дрожь – я понимал, что от успеха моего предложения зависит то, будет ли мое будущее счастливым.

Разговор у реки

В моей жизни в то время тоже произошли серьезные изменения. Однажды мы с Надей, как часто бывало до этого, пошли купаться на речку Сакраменто. Это была очень веселая прогулка – мы беззаботно купались, разговаривали о последних новостях, а солнечные лучи грели нас по-особенному нежно. В какой-то момент Надя предложила переплыть на другой берег, я согласился.

Во время заплыва мысли о том, как сильно я люблю ее, насколько она важна для меня и о том, что я не представляю без нее свое будущее, вновь пронеслись у меня в голове. Еще на середине реки я понял – пора. Надя вышла на берег первой – она всегда плавала лучше меня, и как только я вышел – я решил начать разговор, который так много раз прокручивал в своем воображении. Переборов сильнейшее волнение и со слезами от переполняющих меня эмоций на глазах, я подошёл к ней и сказал: «Надя, я хотел бы сделать тебе предложение». Она посмотрела на меня с удивлением от столь неожиданной темы разговора и, немного помолчав, ответила, что ей надо подумать.

река Сакраменто – 1956 г

Это был очень неловкий момент, и Надя, действительно не знала, что ответить. С одной стороны, она понимала, что ее планы о поступлении в библейскую школу, если она выйдет за меня замуж, скорее всего будут не осуществимы, родители и старшие братья и сестры не воспримут ее согласие с радостью, так как основываясь на жизненном опыте понимают, что столь ранний брак может привести к большим разочарованиям, так как это большая ответственность и далеко не все молодожены смогут пройти испытания бытом и повседневными хлопотами. С другой же стороны – Надя любила меня, и также, как и я, не представляла будущего врозь.

На раздумья Нади ушла целая неделя. Невозможно даже представить какое сильное волнение я испытывал в это время. Я очень переживал, что она отвергнет меня. Однако спустя неделю, она сама назначила встречу и ответила заветное «Я согласна». Петр Васильевич Потлов совершил нашу свадьбу 27 августа 1960 года. Церемония проходила в американской церкви на L street. У нас было много гостей – приехали все Потловы, Амегины, Локтевы, Гранчуковы, Ткачевы и много других наших друзей, в том числе и американских. Несмотря на большое количество приглашенных свадьба прошла очень по-семейному.

Путь к Господу

Как в принципе и все члены моей семьи, я был очень вдохновлен папиными успехами в церкви, но, не был уверен, что сам хочу посвятить свою жизнь служению. Я всегда помогал церкви по мере своих возможностей и считал, что этого достаточно. Меня на тот момент больше интересовали светские увлечения – картинные выставки, кино, прогулки с друзьями. Папа никогда не осуждал мои увлечения и во время откровенных бесед говорил мне: «Миша, всему свое время». Я проводил свое время восхищаясь радостями семейной жизни и веселясь в кругу своих коллег-художников. В глубине души я чувствовал, что мой легкомысленный образ жизни неверен, но все же я не хотел ничего менять. Однако один случай перевернул все.

Через полгода после нашей с Надей свадьбы, мы отправились в Лос-Анджелес, где проходил съезд Тихоокеанского объединения евангельских христиан баптистов. Уже по пути в Сакраменто мы зашли в ресторан, и я понял, что происходит что-то не то. У меня сильно болел живот, а перед глазами все будто расплывалось. В таком состоянии я провел целую неделю – я не мог нормально кушать и мне было тяжело ходить. Мама и Надя, мы тогда жили в доме родителей на втором этаже, думали, что у меня грипп. Я помню, как в один из вечеров мама, зная как я люблю пельмени, налепила их и попросила Надю позвать меня к столу. Как только я начал кушать, мне стало еще хуже – меня начало рвать кровью (извините за подробности). Мои родные перепугались за меня, Надя позвонила доктору и позвала Валентину - жену Василия (их дом был недалеко от нашего), чтобы она помогла мне отвезти меня в больницу. Эта был поздний вечер, но услышав симптомы, доктор сказал, что готов меня принять и открыл офис. Надя и Валя привезли меня очень быстро, и после осмотра врач сказал, что я умираю. Мне тогда было всего 23 года…

Недолго думая, доктор позвонил в больницу и потребовал, чтобы нас встретили с кроватью. Затем он поднял меня на руки и перенес в свой автомобиль, сказав Наде и Вале ехать следом. В больнице мне сразу начали вливать донорскую кровь, но мое состояние не улучшалось, меня трясло, а на второй день мне стало хуже: глаза начали закатываться, и моя кожа посерела еще сильнее. Тем временем врачи окружили меня и взяли анализы – оказалась донорская кровь мне не подошла и лишь ухудшила мое положение. Затем мне поменяли кровь, и я начал приходить в сознание.

Когда я очнулся уже на больничной койке, я был сильно напуган – я резко почувствовал, что, возможно, это конец. Рядом со мной от бессилия плакала Надя, врачи давали неутешительные прогнозы, а я потерявший много крови находился на волосок от смерти. Оставшись в палате один, я слезно взмолился Господу: я просил сохранить мне жизнь, клялся, что если произойдет чудо, я буду служить Ему и все время прославлять Его имя. Я молился до потери сознания и просил не забирать меня – я не мог оставить Надю одну. Мои молитвы были услышаны и спустя некоторое время я поправился. Врачи были удивлены такому исходу, ведь от кровоточащей язвы не осталось и следа, а моему самочувствию мог позавидовать самый здоровый человек на свете.

Вернувшись домой, я рассказал о случившемся своей семье, и они помолились вместе со мной о том, чтобы Господь открыл мне мое предназначение. В этот момент я почувствовал необыкновенную легкость. И спустя некоторое время 4 декабря 1960 года я принял крещение у диакона нашей церкви Куденчука.

Пастор Даниил Локтев

Папино служение в церкви проходило весьма успешно. Его проповеди люди ждали с нетерпением, и даже после того, как его не стало ко мне ни раз подходили люди знавшие его и говорили о том, насколько проникновенны были служения пастора Даниила Локтева. Секретом его успеха было то, что он умел искренне прочувствовать Слово и донести суть проповеди до окружающих простыми словами. Наверное, его особым даром было умение найти ключик к сердцу каждого. Я с особой нежностью вспоминаю как иногда во время проповеди он мог искренне заплакать, и как его слезы отражались в глазах прихожан.

После воскресного служения папу всегда окружали люди. Они задавали ему множество вопросов и о Боге, и о том, как они могут помочь служению, и о жизни в целом. И несмотря на то, что папино здоровье сильно ухудшилось за последние годы в связи с тяжелой и вредной работой, он все равно старался уделить время каждому. Папа с неподдельным интересом выслушивал людей и старался помочь всем, что было в его силах. Если к нему обращались старики и вдовы и говорили о том, что им нужна помощь по хозяйству – он безотлагательно собирался и ехал к ним, если к нему обращались люди в поиске работы – он поднимал все свои связи и находил для них подходящее место, если люди делились с ним своим духовными переживаниями – он, внимательно выслушав проблему, приободрял их и давал им библейский совет (папа очень хорошо знал Библию). А однажды, когда к папе обратилась женщина-эмигрантка и рассказала, что им с маленьким ребенком негде жить, он без раздумий пригласил их к себе в дом. Они прожили у нас несколько лет, пока женщина не встала на ноги и не смогла сама снимать жилье.

За то время, в которое мой папа возглавлял Русскую церковь Евангельских христиан баптистов, произошло множество перемен. Благодаря усердному труду и слаженной работе увеличилось количество прихожан, начали проводиться открытые собрания в Сакраменто, а также было восстановлено членство нашей церкви в Тихоокеанском объединении евангельских христиан-баптистов.

Несмотря на папины успехи, этот период нашей жизни трудно было назвать безоблачным. Вскоре после того, как папа стал старшим пастором, в нашей семье случилась беда. Как я уже говорил, у папы были серьезные проблемы со здоровьем. И в начале 1961 года ему понадобилась операция на сердце. Это сильно сказалось на нем – мы видели, как сложно стало ему отдавать себя основной работе и служению, он стал намного быстрее уставать, и несмотря на то, что папа никогда не жаловался и старался показывать всем, что у него ничего не болит, мы чувствовали насколько тяжело ему было.

Этот болезненный для всех нас период осложнялся еще и тем, что наша церковь вновь нуждалась в расширении, в связи с увеличением числа прихожан. Это была очень тяжелая задача и в 1961 году папа на общем собрании поставил перед церковью вопрос об освобождении от обязанностей руководящего. Церковный совет, зная о папиной болезни, попросил папу остаться в качестве советника, а на должность старшего пастора назначил Кирилла Иванова.

Это было очень сложным решением для папы в эмоциональном плане. Мы всеми силами поддерживали его. Я до сих пор вспоминаю насколько грустный взгляд был у папы после того, как он ушел с должности старшего пастора. Однако, немного восстановившись после операции, папа вновь начал уделять большую часть своего времени служению.

Перемены в Русской Церкви Евангельских Христиан Баптистов

Новый пресвитер Русской церкви Евангельских христиан баптистов Кирилл Иванов старался во всем прислушиваться к папе. Это был очень порядочный, добрый и глубоко верующий человек. Его жена Марфа активно поддерживала служение и всячески старалась помогать прихожанам. Но в конце 1962 года их семья попала в сложную ситуацию. Первый муж Марфы – без вести пропавший на фронте солдат, от которого не было вестей почти 20 лет – оказался жив. У него уже была другая семья, также, как и у Марфы (в послевоенные годы они потеряли надежду встретиться вновь, так как считали друг друга погибшими). Узнав о сложившихся обстоятельствах, некоторые члены церкви сочли брак Марфы и Кирилла Иванова неправильным, и церковный совет принял решение изучить эту ситуацию. Разобравшись в деле, Кирилла и Марфу признали невиновными, однако почти четверти прихожан такой исход оказался не по душе и 21 семья перешла в американскую церковь. Эта ситуация сильно повлияла на Кирилла Иванова, и он попросил освободить его от служения.

Приняв просьбу брата Кирилла, церковь организовала собрание, на котором многие прихожане попросили моего папу вернуться на должность руководящего и в мае 1963 года папа, немного поправивший здоровье, вновь занял пост пресвитера Русской церкви Евангельских христиан баптистов. Узнав о том, что пастор Даниил Локтев вновь руководит служением, некоторые семьи, перешедшие в американскую церковь, вновь вернулись в Брайт.

Молодежное Служение

Как я уже говорил, вся наша семья оказывала большое содействие папе в его церковной работе. Я, как и мои братья, был активным членом церкви, помогал записывать нашу церковную радиопрограмму «Господь зовет» и имел репутацию исполнительного и доброго парня, а после того как я дал обещание служить Богу и все время прославлять Его имя, я старался уделять все свободное время служению. Помимо помощи в записи радиопередач, я также принимал активное участие в жизни нашего хора. Я очень любил петь и старался по возможности не пропускать занятий.

Мое рвение к служению быстро было оценено старшими служителями церкви и в 23 года мне предложили возглавить молодежное служение и взять на себя руководство церковным пением. Я был рад такой возможности проявить себя и сразу же согласился. Эта работа приносила мне большое удовольствие: мы часто проводили собрания, к которым не редко присоединялись братья и сестры из молодежного служения церквей Сан-Франциско, ездили на кэмпы и много-много пели. Это служение придавало мне сил и учило меня быть лидером.

Семья очень поддерживала меня в этом начинании, а папа гордился тем, что я принимаю активное участие в жизни церкви.

Девушки из Дэвиса

Молодежное служение сильно привлекало меня и тем, что к нам часто присоединялись новые люди. Мне очень нравилось общаться с ними, так как каждый новый знакомый вносил свой вклад не только в наше служение, но и в мою личную картину мира. Больше всего мне запомнилась встреча с двумя девушками, недавно эмигрировавшими в Америку из России. Это знакомство стало знаковым для меня и через многие годы помогло мне определиться со своим предназначением.

Подмосковные вечера

Наше служение было достаточно известным в Сакраменто и за его пределами. Люди приезжали к нам из разных уголков

Калифорнии, чтобы послушать наш хор, проповеди и поучаствовать в наших кэмпах. В то время многие эмигранты искали путь к Господу.

Однажды на служение в нашу церковь приехала наша знакомая американка, которая неплохо говорила по-русски и очень интересовалась славянской культурой. В этот раз она приехала не одна – с ней была семья вновь прибывших эмигрантов – папа и две дочки. Позднее девушки рассказали мне, что недавно их отцу предложили должность в университете в Дэвисе и они всей семьей эмигрировали в США. После переезда они остановились у нашей старой знакомой, которая помогала им адаптироваться в новой стране. Она и предложила им посетить нашу церковь.

Когда новая семья пришла в нашу церковь, я сразу же обратил на них внимание, а после окончания проповеди, я подошел и пригласил их на молодежное служение. Как раз через неделю к нам должны были приехать братья – пятидесятники из Сан-Франциско, с которыми наша дружба длилась еще с Китая. Все вместе после служения мы планировали поехать купаться.

Служение прошло замечательно, мы обсуждали Слово, пели много песен, и восхищались невероятным талантом солистки молодежного хора из Сан-Франциско. Это была очень красивая девушка с впечатляющими вокальными данными, когда она пела песню «Любовь Господню описать не могут все...» мы замирали от восторга. Мой двоюродный брат Виктор Кузнецов, как и многие другие ребята, даже влюбился в нее, однако через некоторое время их пути разошлись.

Когда служение закончилось, все пошли купаться и веселиться. А я, как президент молодежного служения, подошел к своим новым знакомым и попросил их рассказать мне о России. Они с радостью отвечали на мои вопросы и делились со мной историями, которые происходили с ними на родине, а после спросили меня знаю ли я русские песни. И вдруг я вспомнил, как в далеком детстве где-то по радио я слышал отрывки удивительной композиции, я начал напевать мелодию, а девушки подхватили ее. Меня заворожило их пение, а слова песни показались мне настолько родными и знакомыми, что я попросил девушек записать их в мой блокнот. Так я выучил песню «Подмосковные вечера».

Папино Дело

Пример папиного ревностного служения, и то, насколько сильно он любил Господа и то, как он трудился во благо нуждающихся, оставило огромный отпечаток на всех членах нашей семьи. Папа всегда учил нас быть добрыми по отношению к окружающим, и несмотря ни на что протягивать руку помощи тем, кто оказался в тяжелой ситуации. И мы старались всегда выполнять его наказ.

Василий, как и папа старался помогать всем нуждающимся, порой даже в ущерб собственным интересам. Долгие вечера и ночи он проводил в ремонте машин эмигрантов, лишая себя отдыха и сна.

Лида, вышедшая замуж за военного, и постоянно в связи с работой Валентина, находящаяся в переездах, вела активную работу в церквях, в которых ей удавалось побывать. Она руководила женскими служениями, писала статьи в местные газеты и даже преподавала курсы лидерства для женщин.

Бен, пройдя уроки по Богословию, стал пастором в небольшой церкви близ Сан-Диего. Его проповеди сильно вдохновляли горожан, и вскоре его маленькая церковь обрела достаточно большое количество прихожан. Он, как и папа, с радостью вел беседы и с теми, кто только искал Господа, и с теми, кто хотел глубже изучить Слово Божье. Некоторое время спустя Бен начал и миссионерскую деятельность. Он часто посещал развивающиеся страны и помогал людям обрести надежду НА СПАСЕНИЕ. Его не останавливали ни индийская проказа (он даже некоторое время жил и свидетельствовал в лагере для прокаженных, специально построенном за пределами города), ни высокая преступность, охватившая страны Восточной Европы после распада Советского Союза.

Я, как я уже говорил, возглавлял молодежное служение в нашей церкви и руководил пением.

Юра руководил церковным хором, и аккомпанировал всем музыкальным служениям в нашей церкви. Его талант сыграл большую роль в привлечении новых членов церкви. Также Юра активно участвовал в жизни эмигрантов, помогая вновь прибывшим влиться в коммьюнити.

А мой младший брат Николай, несмотря на весьма юный возраст, стал одним из самых активных членов молодежного служения, которое возглавлял Бен Амегин. Вместе с Ником (Николай очень любил, когда его так называли) Амегин Бен сделал молодежное служение очень популярным среди русскоговорящей молодежи. И я часто вспоминаю, как Ник с огромной улыбкой приходил домой и рассказывал нам о своих успехах. Мы очень гордились им.

Катя же на тот момент была еще совсем малышкой, но позднее она внесла огромный вклад в развитие миссионерской деятельности.

Ник

Ник Локтев – 1961 г.»

Мой младший брат Николай был особенным ребенком. Его лучезарная улыбка, веселые веснушки, которые придавали ему особое очарование, медно-рыжие вьющиеся волосы и не по годам проникновенный и в то же время очень теплый взгляд всегда помогали ему быть в центре внимания. Он был нашим маленьким солнышком, которое согревало своим светом всех, кто находился рядом. Его чуткость не знала предела: бывало придешь домой грустный, а он подойдет, сядет рядом и заговорит о чем-то отдаленном, и вот прошло всего пару минут, а от плохого настроения не осталось и следа.

Ник всегда был душой любой компании, куда бы он не пришел. Его веселый и добрый нрав привлекал людей, а цепкий ум и умение быстро ориентироваться даже в самой непростой ситуации придавали ему особый авторитет среди сверстников. Он был человеком-праздником, обожал играть в бейсбол и слушать современную музыку по радио. Но нельзя сказать, что его интересовали лишь развлечения – возвращаясь домой с прогулки или из школы, Ник закрывался в комнате и с упоением читал христианскую литературу. Особенно его вдохновляли проповеди Б. Грэмма. А когда Бен Амегин возвращался во время каникул из колледжа и работал с молодежью и Ник, забыв про развлечения, посвятил себя служению. Мы очень гордились его выбором и всячески поддерживали его.

Трагедия

В июле 1962 года в нашей семье произошла ужаснейшая трагедия. То, что случилось тем летом оставило большой отпечаток в жизни всех членов моей и Надиной семьи.

Это были летние каникулы, которых все мы так ждали – я отдыхал от учеников, Надя ждала в гости своего горячо любимого брата Бена, который учился в Христианском Университете в Орегоне, Василий с семьей открыли сезон пикников, а мой младший брат Ник с воодушевлением считал дни до открытого служения известного проповедника Билли Грэма. Еще в прошлом году перед отъездом на учебу Амегин Бен обещал ему, что при первой же возможности съездит с Ником на открытую проповедь известного баптистского пастора. Казалось, что все идет своим чередом, начало лета было очень спокойным и ничего не предвещало беды.

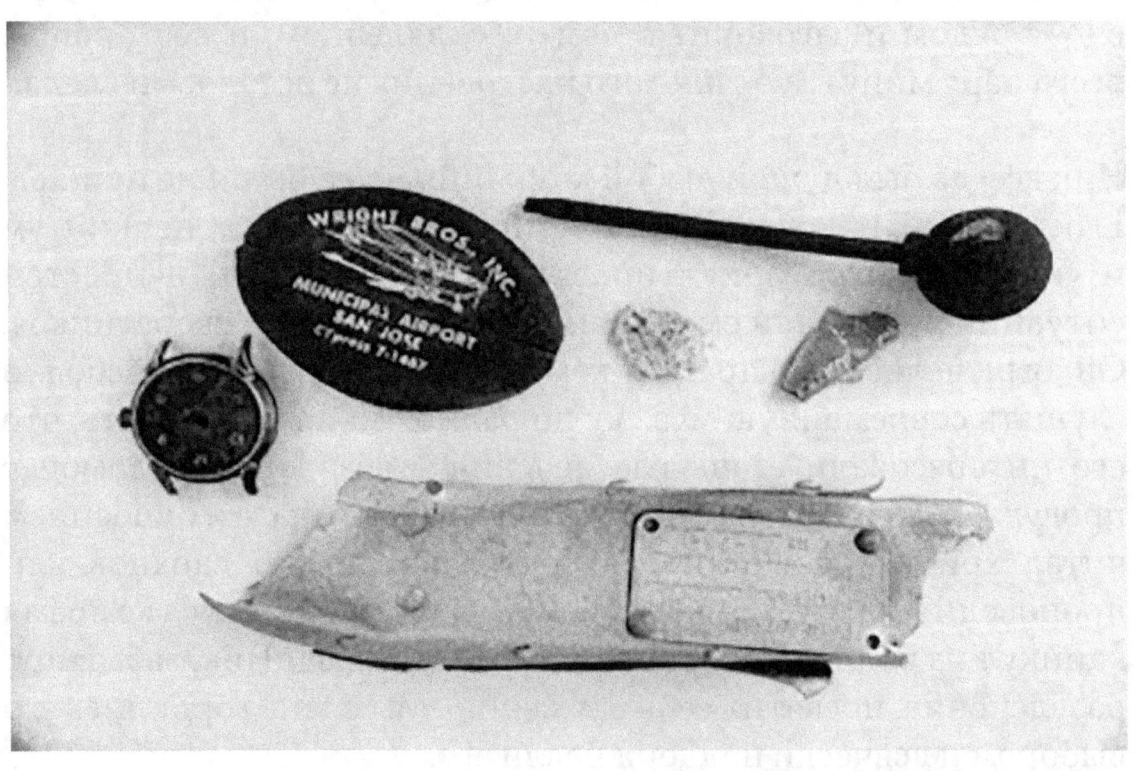

Памятные вещи из самолета

Когда они пропали мы звонили пастору из Фресно, и он сказал, что проводил их после служения в аэропорт. Мы организовали обширные поиски – наших братьев искала полиция и тысяча волонтеров. Мне даже казалось, что весь Сакраменто сплотился, чтобы найти их, но поиски не увенчались успехом. Это было очень тяжелое время для наших семей, мы ждали долго, и никто не знал, куда они делись. Мы задавались вопросом как можно так просто исчезнуть, ездили по горам, искали их, но каждый день возвращались ни с чем. Журналисты и радиоведущие постоянно писали об этом, все жители с аэропланами подключились к поискам. Я до сих пор помню как сильно плакала мама о потерянном сыне, о том как после этой ужасной трагедии у папы усилились проблемы со здоровьем, как переживали мои братья, как моя маленькая сестра Катя стыдилась того, что когда Ник был рядом, по-детски невинно подшучивала над ним, а моя сестра Лида спустя некоторое время призналась, что после такой скоропостижной смерти Ника ее вера в Господа пошатнулась: «Маленький самолет, в котором летел Ник, был потерян. Это был травмирующий случай, заставивший меня усомниться в Боге. Я задалась вопросом, как любящий Бог мог позволить моей матери пережить такую боль. Постепенно по милости Божьей моя вера восстановилась».

Обломки самолета были найдены спустя более чем через 30 лет после трагедии в районе Йосемити парка. Местный рейнджер во время похода увидел что-то блестящее, похожее на обломки самолета на одной из вершин и сообщил координаты в поисковую службу, сам он не мог дойти до места крушения, так как дорога к нему была практически не проходимой. Поисковые отряды нашли аэроплан, они сразу узнали, что он наш, потому что его номер остался невредимым. Также поисковики нашли часть ИНН второго пилота и фотоаппарат Бена. Нам сразу же сообщили об этом и даже прислали небольшое сохранившееся видео с бортовой камеры, но на нем практически ничего не было видно.

Во время одного из праздников, проходивших у нас дома, нам позвонил незнакомец и попросил Надю к телефону. Он сказал, что его зовут Гордон Галловэй и он друг второго пилота, того парня, который разбился вместе с Ником и Вениамином, и поведал Наде историю о том, как совсем недавно ездил в горы на место крушения, и о том, что нашел там некоторые вещи, которые хотел бы нам передать. Надя пригласила Gordona в гости, и он передал нам часы Петра Григорьевича, которые он в свое время подарил Вениамину, и которые были на нем в тот злополучный день, осколок аэроплана и еще что-то. Мы плакали и благодарили нашего нового знакомого за то, что он подарил нам эти памятные вещи.

Рукоположение Пастора Локтева

После трагедии папа долго не мог прийти в себя и активно искал утешение у Господа, стараясь как можно больше времени проводить в молитвах. Папина работа в церкви приносила большие плоды. Духовное пробуждение членов церкви, ревностное служение Господу и множество усилий, направленных на устройство церкви в соответствии с Божьими заповедями, привлекали в наш молитвенный дом новых прихожан. В нашу церковь с удовольствием приходили люди разных возрастов и приверженцы различных христианских конфессий, и все обретали здесь дом. Несмотря на небольшие размеры, наша церковь славилась особой атмосферой уюта, хорошей музыкой и большой работой пасторов.

Видя папины заслуги перед церковью, в октябре 1963 года совет поднял вопрос о рукоположении пастора Локтева. Это было ожидаемо, потому что папа долгое время нес служение пресвитера в Русской церкви евангельских христиан-баптистов, а члены церкви отзывались о нем с большим уважением.

Папино рукоположение состоялось 8 марта 1964 года. Церемонию проводили специально приехавшие братья из Тихоокеанского объединения ЕХБ и из Южного Союза американских баптистов. Это было очень важное событие для всех членов нашей семьи. Невозможно передать насколько мы гордились папой и как хотели быть похожими на него. Этот день стал одним из самых запоминающихся в истории нашей семьи.

Как Я Отрастил Бороду

Мои же успехи в коммьюнити и лидерские качества в то время были замечены не только руководством нашей церкви, но и профсоюзом учителей. И в какой-то момент меня выбрали представителем союза преподавателей. Если честно, я до сих пор не понимаю почему меня удостоили такой чести, и иногда мне даже казалось, что это сделано для того, чтобы почтить новую эмиграцию. А через некоторое время меня даже повысили до должности президента нашего профсоюза, там я и подружился с учительницами-активистками. Это были трудные времена - интересы преподавателей дистрикты поддерживали далеко не так сильно, как сейчас, а зарплата учителей была очень маленькой, несмотря на то что государство выделяло на развитие образования немалые деньги. Особенно печально складывалась ситуация в нашем районе – дистрикт совсем не хотел замечать наши нужды. Мы выставили свои требования, но городской совет не пошел нам на встречу, и мы решили действовать. Мы составили обращение в организацию профсоюзов Юнион и они выделили нам консультанта. Это был очень хороший и мудрый человек, получивший множество наград, и мы с ним быстро подружились.

Консультант из профсоюза провел собственное расследование и выявил, что в дистрикте были секретные финансовые резервы, выделяемые государством, и что слова городского совета о том, что у них недостаточное финансирование – это ложь. Эта информация помогла нам вновь возобновить переговоры, но дистрикт стоял на своем, и мы решили привлечь внимание общественности к нашей проблеме. Мы собрали совет из активистов-педагогов, рассказали им о том, что нам удалось узнать и предложили обсудить план действий. На голосовании о том, кто будет представлять интересы преподавателей, практически все проголосовали за меня, и я начал новые переговоры, тайно и явно встречаясь с представителями дистрикта. Также в то время мне удалось пообщаться со многими влиятельными людьми нашего города, и объяснив им, что дистрикт должен повысить процент, выделяемый на зарплату

Моя семья – 1977 г.

преподавателям, чтобы мы догнали по уровню дохода другие дистрикты, попросить их содействия. Многие из тех, к кому я обратился поддержали меня. И на следующей моей встрече с городским советом, дистрикт выслушал требования нашего профсоюза. Мы обсудили и назвали проценты, которые до этого никто не предлагал. Я говорил о том, что нам необходимо повышение минимум на 15%.

После наших переговоров, когда сотрудники дистрикта увидели мое влияние на преподавателей и на коммьюнити, они начали назначать мне множество тайных встреч. Глава дистрикта Mr. Misfeldt во время конфкденциального разговора даже посоветовал мне, чтобы оказать большее влияние на дистрикт сделать что-то драматическое. Тогда я решил отрастить бороду и заявить общественности, что не буду бриться и стричься пока не решится наш вопрос с дистриктом. Моя идея очень понравилась многим и ко мне сразу же присоединились многие мои коллеги. Вместе мы начали отращивать бороды, и наша проблема стала известна всему городу. Это был курьезный случай, люди начали обсуждать этот инцидент, и задавать неудобные вопросы дистрикту. Народ стал требовать от них ответа, говоря, что все больше учителей отращивают бороды. В дистрикте сказали, что уволить нас за это они не могут и назначили мне официальную встречу. Во время переговоров дистрикт предложил нам повышение зарплаты на 10%, что было очень хорошим предложением, так как нигде до этого такого резкого повышения не бывало.

Позже свидание со мной попросил ассистент мэра дистрикта. Он сказал: «Вы толкаете нас до предела». Я ответил, что вижу накал, который происходит в некоторых классах. И он сказал, что 10% — это лучшее, что они могут нам предложить на данный момент и посоветовал согласиться на эти условия. Я поверил ему и договорился с учителями и комитетом, и мы получили небывалое повышение. Народ очень поддерживал нас и начал устраивать митинги с лозунгами, способствуя в решении нашего вопроса. Адвокат дистрикта ничего не смог сделать.

После окончания этого инцидента я вновь стал подстригаться, но аккуратную бородку я все-таки оставил. А мои коллеги назвали меня общественным героем.

Юра и Айлин

В это время перемены происходили не только в церкви и в обществе, но и в нашей семье. Мой младший брат Юрий повзрослел, окончил школу и колледж, а затем отправился в армию, где служил на должности помощника-химика в одной из военных лабораторий.

Приехав домой, Юрий решил получить дополнительное образование. Как я уже говорил, он очень любил учиться, а его аналитический склад ума помогал ему с легкостью

Юра и Айлин – 1955 г.

добиться успеха в изучении точных наук. Выбирая направление дополнительного образования, Юрий обратил внимание на факультет химии в Sac State University. И перед началом нового учебного года отправился туда, чтобы подать документы. Приехав в Университет и поговорив с менеджером, Юрий узнал, что тем, кто служил в армии можно выписать финансовую помощь от правительства. Юрий написал письмо и отправился на почту, чтобы его отправить. Однако Юрий плохо знал этот район и увидев на скамейке красивую девушку, читавшую книгу, подошел к ней, чтобы узнать, как пройти до почтового отделения. Девушка, услышав вопрос Юрия подняла взгляд, и Юрий тотчас забыл все, о чем, хотел спросить. Невероятная красота и нежный голос незнакомки словно заворожили его – он понял, что влюбился в нее. Немного придя в себя, Юрий спросил у девушки как пройти на почту, чтобы купить марку, на что незнакомка достала марку из сумки и протянула ее Юрию. Юра несмело улыбнулся ей и спросил, как зовут его спасительницу. Она ответила Айлин. Это знакомство буквально перевернуло жизнь Юрия, он восхищался своей подругой и каждый день старался увидеть ее, Айлин тоже проявляла симпатию к Юрию. Их отношения были очень крепкими, несмотря на то что Айлин была младше на целых семь лет, и спустя некоторое время после знакомства в 1968 году, Юрий сделал Айлин предложение. Почти не раздумывая Айлин ответила да. И сегодня спустя более 55 лет брака с Айлин, Юрий с гордостью говорит, что встреча с Айлин стала одним из самых счастливых событий в его жизни.

ПОДДЕРЖКА БЕЖЕНЦЕВ

Не слышны в саду даже шорохи,
Всё здесь замерло до утра.
Если б знали вы, как мне дороги
Подмосковные вечера…

Владимир Трошин
"Подмосковные вечера"

Word to Russia: начало пути

Долгое время я понимал, что я так и не получал ответа от Господа. Мне казалось, что у меня есть особое предназначение. Я часто вспоминал девушек из России и песню «Подмосковные вечера», я чувствовал, что несмотря на то, что я родился в Китае, у меня есть непреодолимая тяга к родине моих родителей, и что моя жизнь должна быть как-то связана с Россией.

Москва – 1971 г.

Тем временем в нашу Церковь обратился брат Александр Ефимов, не так давно организовавший миссию «Слово к России» вместе с доктором Геннадием Романовым. На тот момент миссия «Слово к России» занималась радиовещанием на территории СССР и спонсировала издание Нового завета на родных языках для жителей советских республик. Брат Ефимов обратился в нашу церковь не случайно – он знал, что мы также имеем большой опыт в радиовещании, а молодые члены церкви сильно заинтересованы в Евангелизации. Брат Ефимов поделился с нами своей историей и историей миссии, и признался, что в его жизни возникли некоторые затруднения, и сейчас он ищет приемника, который смог бы заменить его на миссионерском поприще.

Выбор Александра Ефимова сразу же пал на меня – он словно чувствовал, что это та возможность проявить себя, о которой я молился долгое время.

Церковный совет одобрил мою кандидатуру, и я удаленно начал вести миссионерскую деятельность.

Первые Трудности На Миссионерском Пути

Предложение Александра Ефимова, о котором я писал ранее, и то, что члены нашей церкви поддержали мою кандидатуру, было очень неожиданно для меня. На тот момент я не имел опыта в служении и необходимой подготовки для того, чтобы взять на себя столь серьезную ответственность. Я много советовался с папой об этом и, в ответ слышал «Сынок, поступай так, как велит тебе твое сердце. Я приму любое твое решение и поддержу тебя на твоем пути». Эти слова придавали мне уверенности, однако иногда меня терзали сомнения, так как многие мои знакомые смеялись над моим решением посвятить себя миссионерской деятельности и думали, что я устраиваюсь в «Слово к России» из личных и корыстных побуждений. Но мое сердце горело этим делом, и я верил, что миссионерское служение это и есть тот путь, о котором я молил Господа.

Обдумывая все «за» и «против», я вновь обратился к Богу, прося о мудрости, чтобы принять правильное решение. И буквально на следующий день я встретился с Александром Ефимовым и попросил его подробнее рассказать о служении. Он рассказал мне подробнее о радиовещании и о развитии радио, и о том, что они приехали в Брайт, чтобы позаимствовать специалистов.

Мой дядя Миша уже заинтересовался и начал помогать им. Александр Ефимов горячо похвалил мои труды по переводу проповедей популярного американского пастора Ray Stedman на русский язык. Брат Ефимов еще раз пригласили меня служить, дав возможность работать удаленно, чтобы я мог также посещать Брайт, и я почувствовал, что я призван.

Первая Поездка в Советский Союз

Обдумав все за и против я принял предложение Миссии Word to Russia, но все же были определенные сомнения, которые продолжали меня терзать. На тот момент я еще не знал, что будет меня ждать в работе с гражданами Советского Союза, и несмотря на то, что у меня было много друзей-эмигрантов из социалистических республик, я все же не совсем понимал, что на самом деле творится за железным занавесом.

После моего разговора с братом Ефимовым о вступлении в Миссию летом 1979 года, нам с Надей предложили поехать в Москву и возглавить группу американцев, желающих помочь местным баптистским церквям от имени миссии Word to Russia. Наши приключения начались уже во время прохождения таможни. Надо понимать в то время СССР готовился к проведению Олимпийских игр, которые должны были состояться в Москве в 1980 году, и встречал множество спортсменов, желавших перед играми осмотреть стадион. Наша группа из 30 человек проходила таможенный пост в большой суматохе, сзади нас выстроилась целая очередь спортсменов из Восточной Европы, а сотрудники, досматривавшие вещи выглядели очень уставшими и раздосадованными.

С собой из Америки я вез два чемодана с одеждой и набором подарочных Библий, а также спрятал в ботинках $10,000, предназначенные для поддержки советских подпольных типографий, печатавших и распространявших христианскую литературу. Когда подошла моя очередь, и, глядя на меня сверху вниз (мой рост был 5 футов 3 дюйма), высокий дородный офицер спросил: "Ну, малыш, что у тебя там?". Я сказал, что в моих чемоданах лежит одежда для нас с женой и пара Библий для нескольких человек, потому что я слышал, что теперь здесь свобода вероисповедания. Сотрудник таможни сердито посмотрел на меня сверху вниз. В гневе он рассмеялся и, не открывая чемоданов, толкнул их вперед.

Я стоял в своих потных носках и так быстро, как только мог, пошел в туалет, чтобы переодеться. На моем бейдже была табличка "тур с Мишей" - дружелюбным медведем, символизирующим Олимпиаду 1980 года, которую США позже бойкотировали.

Второй интересный случай произошел со мной, когда мы поселились в одной из гостиниц Москвы. Я рано вставал, чтобы успевать на утреннюю пробежку перед завтраком. И однажды, выйдя на улицу, меня заворожило величественное течение Москвы-реки и парк на одном из ее берегов через дорогу от нашей гостиницы. В парке я заметил молодую пару, медленно идущую между деревьями, держась за руки.

Затем колокола зазвонили песню "Подмосковные вечера", в которой говорилось об особой тишине, о том, как река сверкает так, что вы не можете сказать, движется она или нет.

Не слышны в саду даже шорохи,
Всё здесь замерло до утра.
Если б знали вы, как мне дороги
Подмосковные вечера.

Когда я медленно пел песню под колокола, я вспомнил двух русских сестер, которые научили меня словам на прогулке к реке Сакраменто от Bryte Youth так много лет назад. Именно тогда, прогуливаясь у реки мне пришла мысль: "Это мой народ." Слезы вырвали меня из задумчивости, и я осознал, что преследование все еще было реальным и я был здесь, чтобы доставить несколько Библий и 10.000 долларов для подпольного печатного станка в другом государстве Советского Союза. Часть прессы переправлялась в Россию контрабандой из соседних европейских стран. Это была подпольная операция.

В Москве нашу группу пригласили в детский лагерь, возможно потому, что я был учителем в государственной школе, а некоторые в нашей группе были профессорами в университетах. Смена в лагере открылась песнями и танцами детей: конечно же, это было красиво и дивно, а особенно то, как они пели не только детские, но и патриотические песни стране, Ленину. Не удержавшись, я поднял руку и направился к сцене. Ведущий пригласил меня подняться и дал мне микрофон. Я одарил их своей лучшей улыбкой и спросил: «Могу ли я спеть детскую песню, которая популярна в Америке?». Они восторженно аплодировали, а я пел.

Иисус любит маленьких детей,
Всех детей мира.
Черно-желтые, красные и белые-
Все дети драгоценны в Его глазах.
Иисус любит всех маленьких детей мира.

Когда я начал второй куплет, двое "комсомольцев", молодые парни с красными повязками на руках, поднялись по лестнице, взяли меня за локти и понесли вниз, приговаривая: "нам здесь не нужна ваша пропаганда Иисуса". Концерт продолжался, и наша группа оставалась до конца, некоторые из моих коллег улыбались, другие хмурились.

Следующей нашей остановкой стал Киев. Нас разместили в гостинице для иностранцев и именно здесь я впервые столкнулся с незарегистрированной или "подпольной" церковью. Мне дал ее адрес Георгий Винс, узник веры в России, которого обменяли на двух русских шпионов, арестованных в Нью - Йорке. Я познакомился с ним в Вашингтоне на одной из конференций для тех, кто занимается христианским радиовещанием. Винс, зная, что я поеду в скором времени в Советский Союз, попросил передать весточку для его церкви и я с удовольствием решил выполнить его поручение.

Выспавшись после долгой дороги, я, как обычно, собрался на пробежку. Выйдя из лифта, я встретился глазами с лифтершей - женщиной средних лет с очень печальными глазами. Мы обменялись приветствиями, я улыбнулся и посмотрел на нее... она была немного взволнована.

- Вы, американцы, всегда смеетесь и улыбаетесь, - сказала она, - Но твоя улыбка более искренняя и настоящая. Спасибо!
Я ответил ей: "У меня есть причина быть очень счастливым! Бог - мой отец на небесах, Иисус Христос - мой спаситель, и Святой Дух направляет мою жизнь."
- О, ты один из них, - сказала она, - я слышала о таких как ты. Наше правительство учит нас, что вы жертвуете детей в горах и запрещает с вами общаться. Вы не можете брать детей на свои богослужебные собрания. В СССР сажают ваших лидеров в тюрьму.
- Ух ты! – сказал я, - Я никогда об этом не слышал! Кстати, сегодня вечером я буду в баптистской церкви, вот адрес. Мне бы очень хотелось Вас увидеть и показать Вам как на самом деле проходят наши служения.
Лифтерша осторожно взяла адрес, и улыбнувшись, добавила - Ну, может быть, я приду просто потому, что твоя улыбка кажется мне настоящей.

В тот вечер мы с Надей поехали на такси в церковь, где я передал присутствующим письмо от Пастора Винса и рассказал, как Америка молится за местную церковь. После небольшого вступительного слова я спел песню, которую поддержали хором все члены церкви. Пока я пел, я заметил, что дверь медленно открылась и испуганно вошла моя новая знакомая - лифтерша. Билетер нашел ей место недалеко от двери, на случай, если она захочет уйти. После основной проповеди пастора, молитвы и заключительной песни богослужение было окончено. Лифтерша была тепло встречена окружающими. Я смог пробраться к ней в толпе, чтобы поприветствовать и представить ее пастору. После недолгой беседы он пригласил ее прийти еще раз.

Несмотря, что мое первое знакомство с Россией не прошло гладко, вернувшись домой я осознал, что работа в Word to Russia – мое предназначение, и я готов превозмогать трудности, чтобы сделать жизнь людей, живущих на территории уже развалившегося Советского Союза и пострадавших от атеистической пропаганды, как можно лучше.

После нашей поездки я рассказал Наде о своем решении стать частью служения, и она, на мое удивление, без возражений приняла его. Это было удивительно, ведь я менял перспективную и высокооплачиваемую работу учителя с нормированным графиком на миссионерское служение, которое подразумевало постоянные разъезды и не сулило больших денег. Однако Надя почувствовала, что этот труд – мое призвание, и, увидев, как горят мои глаза, поддержала меня. Так началась моя работа в Миссии «Word to Russia», которой в последствии я посвятил всю свою жизнь.

Миссия Бена

Не только я в то время решил посвятить себя служению. Мой брат Бен вместе с семьей к этому моменту уже переехал в El Centro – небольшой городок близ Сан-Диего, и стал одним из самых популярных проповедников в Южной Калифорнии. Многие из его прихожан были мексиканцами. А через некоторое время один из самых активных членов церкви даже сделал предложение Дине – дочери Бена, и Бен был очень рад этому союзу.

Пастор Бен Локтев – 1988 г.

Главной целью Бена было привлечение к Господу тех, кто не был воцерквлен. Он был очень хорошим спикером и люди с удовольствием слушали его.

Позднее Бен начал миссионерское служение и посетил множество развивающихся стран. С 1997 года он проповедовал там, куда отказывались ездить многие. Его поездки в Индию в лагеря к прокаженным стали настоящей легендой. Он не боялся заразиться и самоотверженно нес Слово Божье людям, оказавшимся в преддверии смерти. После дневных проповедей в лагере для прокаженных, Бен проповедовал в индийских церквях и на площадях. На его служения приходили и взрослые, и дети, поэтому каждый раз приезжая из Америки в Индию, он привозил с собой как можно больше жестяных банок с кока-колой, чтобы после проповеди раздать своим маленьким внимательным слушателям особое угощение. Когда он выдавал банки с колой, дети вставали в круг и пили по одному глотку, чтобы хватило всем.

В Индии люди не были готовы к проповеди, они уже много слышали о Боге от множества проповедников, которые приезжали к ним. Но когда приезжал Бен, люди выходили на площадь, чтобы послушать его, у него была удивительная способность – рассказывать о сложных вещах простыми словами, и это привлекало людей. Благодаря его проповедям тысячи людей покаялись и искренне открыли свое сердце Господу. Во время проповедей он объяснял, как меняется жизнь людей после покаяния, приводил реальные примеры и дарил людям надежду на светлое будущее. Бен одинаково относился ко всем: будь то бездомный или зажиточный гражданин – и это удивляло людей и вселяло особое доверие к нему. Бен всегда всем своим прихожанам говорил, что Господь любит их, и что Господь лучший учитель.

За время своего служения Бен вел Евангелизацию во многих странах в Индии, в России, в Камбодже, Испании, на Сальвадоре и в Америке. Папа очень им гордился, и у них были замечательные отношения. Когда Бен приезжал домой и преподавал воскресной школе, ему хватало года, чтобы изучить Библию с классом. Он много преподавал в нашей церкви, и вся наша семья с удовольствием приходила на его проповеди.

Мой Миссионерский Труд

Вдохновленный успехами Бена, я тоже решил заняться миссионерской деятельностью. Помимо невероятного желания помогать людям, живущим на территории уже распадающегося Советского Союза, для меня было очень важно узнать, почему руководители нашей Миссии Word to Russia Геннадий Романов и Александр Ефимов больше не могут ездить в СССР. Советское правительство в то время отказывало им в визах.

Моя вторая поездка в Советский Союза началась с посещения Санкт-Петербурга. Мой сосед Тимофей – очень мудрый и отзывчивый старичок, который активно помогал в церкви и всячески поддерживал всех наших прихожан, скончался. Перед самой смертью он попросил

Служение в Word to Russia

меня при первой же возможности съездить в Питер и встретиться с его внуком, чтобы передать документы о наследстве. Несмотря на то, что дед Тимофей жил очень скромно, его накопления для жителей Советского Союза были хорошим подспорьем. И как только мне представилась возможность, я решил исполнить последнюю волю деда Тимофея. По приезду в Питер его внук радушно встретил меня и познакомил со своей семьей. Это были очень скромные и добрые люди, вместе мы очень быстро разобрались с документами, поговорили о том, как сложилась жизнь деда Тимофея в США, и я отправился в Украину по делам, порученным мне Миссией.

Он был святым

Вспоминая о дедушке Тимофее, я хочу рассказать историю,

которая совсем недавно приключилась со мной в одном из местных ресторанов в Вест Сакраменто. Я назвал эту историю – «Он был святым».

Когда мы попадем на небеса, нас ожидает там много сюрпризов. Недавняя встреча в ресторане напомнила мне деда Тимофея. Он был слаб телом, но силен духом, и когда молился в церкви, он всегда молился в Духе о стране и ее руководстве, о церкви, о нашем маленьком городке Брайт, о его семье и всех детях мира. И еще он постоянно благодарил Бога за то, что он ходит своими ногами и за ним не надо ухаживать. Для него, это было критически важно, потому что он был совершенно одиноким. Он любил петь гимны и детские песни и всегда носил в кармане конфеты, чтобы угостить детей. Некоторые люди смотрели на него подозрительно, другие считали его «милым старичком».

Недавно я зашел перекусить в местный ресторан. Из-за ограничений Covid-19, мне дали столик во внутреннем дворике. Когда я уже пил кофе, подошел мужчина и сказал:
– Привет, Майк.
Я ответил: – Привет, пожалуйста, присядь».
Он сел и представился как Хуан и спросил: – Ты меня не помнишь?
– Нет, – сказал я, – мне 83 года и моя память быстро меняется.
– Майк, – сказал он, – ты был моим учителем в Вашингтонской Средней Школе. В вашем классе было много нас, мексиканских детей. Потому что ты преподавал базовый английский, а не «подготовку к колледжу».
– О, да, так и было. Значит, ты был одним из этих детей? Потом Хуан неожиданно сказал.
– Ты помнишь Тимофея?
– Конечно. Он назначил меня исполнителем своего имения, и я поехал в Ленинград, чтобы убедиться, что его племянник Иван получит его имущество.
– Ух ты, – ответил Хуан, – вы имеете в виду лачугу на улице Хобсон?

– Да, и у него еще было немного денег в банке. Когда мне позвонили с банка и сказали, что меня назначили в качестве исполнителя. Я был шокирован. Тимофей ничего не говорил мне об этом. Мы все знали его как очень дружелюбного, но одинокого старика, который гулял по улицам Брайта, собирая бутылки и банки для обмена на наличные. Он часто приходил к нам домой за помощью с документами и другими вопросами, которые у него могли возникнуть.

– Он жил через дорогу от моей семьи, – сказал Хуан. – Он был настоящим святым. Отец любил его и часто посылал нас с братом помогать ему во дворе. Он всегда делился с нами своими фруктами и овощами. Делился с нами своими «пирожками» всякий раз, когда ему удавалось купить их в русской церкви и рассказывал нам, что Женский Кулинарный Кружок на собранные средства поддерживал бедных людей в зарубежных странах Южной Америки, Африки и России, особенно там, где преследовали христиан.

– Но он не говорил по-английски, – сказал я, – как он мог тебе рассказать?

– Руками, глазами, ногами, – сказал Хуан. – Он был настоящим святым. Так у него была семья в России? Мы этого не знали.

– Да, он участвовал во Второй Мировой Войне и попал в плен к немцам. Насколько мне известно, когда война закончилась, он не мог вернуться в Россию, поэтому, как и многие другие, он приехал в США. Это все, что я знаю. Вы знаете Хуан, к сожалению, меня его жизнь особо не интересовала. Но теперь, может быть, мне стоит заняться исследованием..

– Он определенно был святым, – еще раз повторил Хуан и пожелав мне хорошего вечера, возвратился к своему столику.

Этот неожиданный разговор с Хуаном, напомнил мне многие прежние дни и то, как наши встречи оставляют следы в сердцах людей на долгие годы. Дед Тимофей уже давно у Господа, но его добрые дела и любовь оказанная простым Мексиканским мальчуганам, живет в их сердцах и продолжает свою работу в людях, среди которых он жил на земле.

«Делая добро, да не унываем, ибо в свое время пожнем, если не ослабеем» Гал.6:9.

В Киеве я заехал в местные церкви, посетил собрания, узнал о том, что лифтерша, которую я привел во время прошлой поездки посещает церковь. Всем членам церкви я передал пламенный привет от Винса и полетел дальше. Моей следующей остановкой стал красивейший город Сухуми. В нем меня встретили очень тепло и попросили подробно рассказать о моих поездках, о служении и в целом о том, как протекает церковная жизнь в Америке. После долгой беседы я передал пасторам церкви в Сухуми пожертвования на то, чтобы развить подпольную типографию и поехал на встречу с одним пастором, который руководил печатью. Во время встречи мы заметили, что за нами следят. Один из сотрудников КГБ (Комитета Государственной Безопасности СССР) даже зашел в церковь и спросил нас, о чем мы разговариваем. Но мы ничего ему не сказали. Понимая, что за нами следят, мы договорились встретиться в другой раз в типографии. Когда я приехал мой новый друг познакомил меня со служащими подпольной типографии, и я передал им большое пожертвование для того, чтобы они могли печатать Библии. Однако, как только я вышел из типографии, я сразу заметил, что за мной продолжает следить сотрудник КГБ, который уже заходил к нам во время первой встречи. После того как я прилетел в Сухуми он следил за каждым моим передвижением, но, к счастью, через некоторое время, увидев, что я езжу только по некоторым делам, отстал. В Сухуми я провел еще несколько встреч и отправился в Казахстан.

На малой родине я вновь встретился с пастором, заведующим азиатской семинарией. Он провел для меня небольшую экскурсию и помог мне познакомиться с небольшими городами Казахстана и местными церквями. Путешествуя по Казахстану, я вспоминал папины рассказы, представлял дедушку и те эмоции, которые испытывала моя семья по пути в Китай… В эти моменты мне казалось, что я и сам являюсь участником всех событий. Эти мысли делали мою дорогу по казахской степи очень увлекательной.

После нашей поездки, заведующим азиатской семинарией посадил меня на самолет и спустя несколько дней я прилетел домой. Я был переполнен впечатлениями от этой поездки, и чтобы поделиться эмоциями со своей семьей, делал множество очерков в своем блокноте. Однако во время досмотра багажа в Москве мою записную книжку конфисковали, даже не предупредив меня об этом. Это происшествие немного расстроило меня, но сама поездка и общение с советскими христианами оставили только самые теплые воспоминания.

Помимо работы в Миссии мы с Надей уделяли много времени для помощи вновь прибывшим эмигрантам. Надя к тому моменту устроилась в World Relieve. Ее основной задачей стала помощь эмигрантам в заполнении бумаг для получения первой помощи от государства и адаптации в Америке: Надя вела поиск мебели, одежды, посуды и продуктов – у нас был большой гараж, где мы собирали вещи для нуждающихся, также она активна способствовала в поиске недорогих квартир в аренду для приезжих и помогала с устройством на работу. Я же в свободное от работы время на своем сереньком трачке ездил по всему Сакраменто, помогая нуждающимся с переездами. В приятных заботах практически незаметно пролетело 3 года, и мне вновь предложили посетить Советский Союз. Я очень обрадовался этой возможности и сразу же отправился готовиться к поездке. Основной целью этого визита стали встречи с лидерами подпольных типографий. Нашу Миссию очень интересовало развитие печати. Мы делали все возможное, чтобы типографии разрастались и печатали как можно свободнее. Мы понимали, что через литературу люди смогут прийти к Господу и те деньги, которые мы жертвовали на печать спасали много жизней.

В третий раз я поехал в СССР, возглавив группу американских туристов. В основном со мной ехали члены церквей, поддерживающих развитие печати. Некоторым американцам перед поездкой я очень тактично рассказал о том, как обстоят дела в Советском Союзе. Моей же задачей вновь стала передача денег нуждающимся. Перед поездкой Александр Ефимов дал мне контакты нужных людей, и я в этот раз без приключений передал им наши пожертвования.

Жизнь в Вест Сакраменто

После моего возвращения из третьей поездки в нашей семье произошли перемены: Катя вышла замуж за Стенли – красивого и мужественного американца с прекрасной военной карьерой. Он в то время вернулся в Вест Сакраменто после войны во Вьетнаме, и однажды на улице увидел нашу Катю. Голубые глаза, волнистые каштановые волосы и задорная улыбка моей сестренки в миг покорили солдата, и спустя всего несколько месяцев он сделал Кате предложение. Мама и папа сразу же полюбили Стенли за его ум и трудолюбие. Каждый раз, когда он приходил к ним в гости, они пытались его накормить всякими вкусностями, а он искренне восхищался русской кухней. Больше всего Стенли полюбил пельмени. Катя же после свадьбы сразу поступила в колледж.

Примерно в это же время в Вест Сакраменто переехала Лида с детьми, Валентина в то время отправили в командировку в Корею на два года. Уладив домашние дела, Лида сразу же устроилась на работу в компанию по продаже контейнеров для еды. Ее торговые обороты были настолько высокими, что уже через два года она получила должность менеджера и начала водить машину. А после ей на работе начали выдавать служебные автомобили. В свободное от работы время Лида часто выступала в американских церквях и вела курсы по лидерству для женщин. Несмотря на то, что Валентин постоянно присылал чеки на содержание семьи, Лида все равно усердно работала, ее часто приглашали в газеты писать письма, она очень любила журналистику. Позднее кто-то из знакомых сказал про их семью так: «Валентин был очень сострадательным и мягким человеком, а Лида была очень страстная и все, что она делала было с энтузиазмом». Вообще в нашей семье Лида была самой американизированной. Она много проводила бесед с женами военных, выступала в клубах, не боялась выступать против коммунистического режима, и даже когда ей поступали письма с угрозами о том, что ее детей заберут, если она не напишет опровержение своих статей, она не оставляла свое дело. Лида была очень выдающейся женщиной, посещала вместе с мужем званые вечера и ужины, ездила по гарнизонам, учила солдат русскому языку и даже была лично знакома с президентом Кеннеди.

Мой брат Юра к тому времени построил блестящую карьеру в школе. Он преподавал математику в старших классах, и ученики очень полюбили его. Вместе с Айлин Юра посещал американскую церковь, активно принимал участие в служениях и часто организовывал семейные праздники.

Жизнь в нашей Церкви Евангельских христиан баптистов тоже шла своим чередом, ежемесячно к нам присоединялись новые члены церкви, наш хор разучивал все новые песни, а руководство церкви плотно сотрудничало с Word to Russia.

Последняя Поездка По Странам Советского Союза

Лида всегда интересовалась трудом нашей Миссии и после того, как Советский Союз распался, призналась мне в своем желании посетить историческую родину. Лида решила отправиться в поездку со мной и Беном. Мы долго готовились и заранее известили о своем прибытии лидеров христианских движений в России, Казахстане и Украине. Через некоторое время нам пришел ответ о том, что местные пастора с радостью встретят нас и с удовольствием послушают наши свидетельства и проповеди Бена. Первой остановкой стал город Самара. Там мы встретились с моим старым знакомым, и он показал нам хоспис, с которым уже сотрудничала Миссия. После посещения хосписа, мы встретились с волонтерами, активно участвующими в развитии христианских типографий, и передав им некоторую сумму денег, поехали дальше.

По просьбе Лиды нашей второй остановкой стал Казахстан,

Лида Потлова

она была очень рада увидеть свою родину и помочь людям, которые не смогли уехать. В небольшой церкви, расположенной неподалеку от Алма-Аты, мы организовали служение. К нашему приезду она наполнилась людьми. Местный пастор представил меня как миссионера, Бена как проповедника, а Лиду как сестру в Господе, заинтересованную в христианском служении. Мы поднялись на сцену, я сказал вступительное слово и спел один из своих любимых гимнов, и Лида сказала свое свидетельство о свадьбе с Валентином, и некоторые из присутствующих вспомнили Петра Васильевича. Лида говорила о том, что поддержит нуждающихся, и о том, что она во время приезда влюбилась в свою маленькую родину. После Бен сказал проповедь, в которой призвал людей молиться о страждущих и о ближних, а также как можно больше благовествовать, чтобы спасти тех, кто из-за атеистического режима не смог познать Господа. Мы записали имена всех, кому нужна помощь и когда люди выходили мы подсказали им куда можно обратиться, чтобы основать свою баптистскую церковь в Казахстане.

После того как наше служение закончилось, к нам подошел местный житель и сказал, что работает старшим надзирателем в тюрьме неподалеку. Он предложил нам выступить для заключенных, и немного подумав над его предложением, мы согласились. Здание тюрьмы имело очень странную конструкцию – его нижний ярус находился под землей.

Подземные арестанты общались по-своему. Когда мы по ступенькам спустились вниз везде сидели арестанты и надзиратели. Нас заранее предупредили, что это серьезные преступники и администрация тюрьмы НЕ отвечает за наше здоровье в экстренной ситуации. Мы зашли в зал, окруженный клетками с преступниками и арестантами, сидящими на полу, и начали служение. Сначала я вышел на импровизированную сцену, помолился и спел песню «Великий Бог, когда на мир смотрю я». Арестанты прониклись моим пением и на третьем куплете они начали мне подпевать «Как ты велик», затем я сказал несколько слов о величии Бога, и о том, как я благодарен возможности выступать перед столь нуждающейся в Слове Божьем аудиторией, и представил им Бена и Лиду. Лида сказала краткое свидетельство о том, что каждый имеет право на второй шанс. Вообще Лида часто посещала тюрьмы, и муж очень поддерживала ее в этом, несмотря на работу в органах. Позже слово взял Бен и сказал, что насколько он понимает хозяин тюрьмы не будет против если арестанты покаются, и несколько человек вышли вперед. Они поплакали, помолились и покаялись, а после мы все вместе спели еще одну песню «О, я грешник бедный». Это служение прошло очень успешно.

После того как служение закончилось наш сопровождающий отвез нас к дедушкиной мельнице. В то время от нее уже практически ничего не осталось, и это навеяло на нас небольшую грусть. Хозяин земли, на которой когда-то стояли наш дом и мельница, предложил нам этот участок под выкуп. Однако после долгих обсуждений мы отказались от сделки, так как понимали, что скорее всего никто из нашей семьи не сможет ухаживать за землей.

Объехав с проповедями еще несколько церквей, мы вернулись домой. Эта поездка оставила огромный отпечаток в душе каждого из нас, у нас было такое чувство, как будто мы прикоснулись к чему-то родному и очень дорогому нашему сердцу.

Работа в Word to Russia

Работа в Word to Russia протекала очень слаженно, мой двоюродный брат Анатолий Кузнецов с супругой помогали мне записывать программы для нашего радио, я встречался со многими замечательными людьми и брал интереснейшие интервью для слушателей. Моя семья всячески поддерживала нашу Миссию: отец давал советы по наполнению программ, Лида и Валентин, Юра и Айлин, и даже моя младшая сестренка Катя, которая в то время уже окончила колледж и начала работать в Федеральном правительстве финансовым аналитиком, щедро жертвовали в поддержку нашего служения. Это вдохновляло меня работать усерднее.

Помощь эмигрантам

Проделав долгий путь эмигранта и попав в благословенную Америку, мы начали помогать многим семьям, оказавшимся в нашей ситуации. Как я уже говорил, мой папа искал работу для вновь прибывших, а также помогал им обустраиваться и адаптироваться в Америке. Папа нам всегда говорил, что мы должны помогать кому можем.

Майкл и Юра Локтевы – 2005 г.

Я помню семья Кожич и некоторые другие семьи жили в нашем долгое время, пока не нашли свой дом. Когда мы выросли мы продолжили дело отца. Василий помогал эмигрантам подбирать машины, а впоследствии в случае поломки бесплатно чинил их. Я и Юра помогали детям устроиться в школу, а моя жена Надя, работая в World Relieve, занялась всеми адаптационными вопросами эмигрантов. Бен же помогал эмигрантам влиться в церковную жизнь и знакомил их с нашими друзьями.

Но на этом наша помощь не заканчивалась. Понимая, сколько людей остались в Союзе без возможности выехать, и желающих отправиться в страну, где никто не будет ущемлять их из-за их веры, мы начали искать способы вызова этих людей. Работая в World Relieve, Надя помогла сотням верующих купить билеты, разобраться с бумажной волокитой и попасть в благословенную Америку из-под «Железного занавеса».

Но, наверное, самым ярким воспоминанием о русской эмиграции стала эта история. Как-то к Наде обратился ее старый знакомый Ирхин, и рассказал ей об очень скромной и верующей девушке Тане, с которой познакомился в Москве. Эту девушку бросил муж, она осталась совсем одна с дочкой-дошкольницей и ей очень нужно было найти спонсора для переезда. Эта история сразу запала в сердце Нади; придя домой, Надя в красках рассказала мне историю Тани, и мы решили ее вызвать. Надя помогла ей собрать все документы и переехать в Америку. Когда Таня и маленькая Марина приехали мы приютили их у себя. Так они прожили у нас полтора года, пока не нашли свое жилье. Марина была очень энергичной, и я часто играл с ней, она очень любила садиться ко мне на плечи и кататься. Позже молодой человек из еврейского общества Саша, которому понравилась Таня даже приезжал к нам свататься. Он был очень порядочным и добрым парнем. Он взял Таню в жены, и они создали крепкую и дружную семью. Саша стал работать психологом, а Таня, закончив колледж, устроилась в IRO, а потом поступила на государственную службу социальным работником и стала помогать беженцам, заняв должность эмиграционного специалиста. Таня до сих пор нас посещает, а ее дочка Марина вышла замуж и уже родила сыночка. Они часто приезжают к нам в Вест Сакраменто, чтобы поздравить с праздниками.

Эпилог

В заключение я хочу сказать моим маме и папе, несмотря на то что их уже давно нет в живых, что я очень благодарен им за то, что с их помощью я, мои братья и сестры узнали Бога, за то что на своем примере мама и папа научили меня любить и сострадать ближним, за то, что мое поколение, поколения моих детей и внуков живут в Соединенных Штатах, не зная лишений и страданий, через которые прошли и проходят многие семьи в странах бывшего Советского Союза.

И издавая эту книгу о нашей семье, я молюсь о том, что спустя несколько лет кто-то из моих детей или племянников, вновь прочитав историю нашей семьи, вспомнит слова моего отца и продолжит книгу, дополнив ее рассказами о своих братьях и сестрах, о детях, и о том, как развивалась семья Локтевых в благословенной Америке.

Михаил Локтев

ЖИЗНЬ ИЗМЕРЕННАЯ ДЕЛАМИ

RIVER OF FAITH . . . Our Amazing Journey to Freedom ⊠⊠⊠⊠⊠ ⊠⊠⊠⊠⊠⊠
    By Daniel Lokteff and Michael Lokteff

Copyright © 2022 by Michael Lokteff
West Sacramento (Bryte), California USA

All rights reserved. This book or parts thereof may not be reproduced in any form, stored in any retrieval system, or transmitted in any form by any means—electronic, mechanical, photocopy, recording, or otherwise—without prior written permission of the author and/or the author's family designees, except for the use of brief quotations in a book review or scholarly journey or as provided by United States of America copyright law. For permission requests, write to the WORD TO RUSSIA Ministry @ P.O. BOX 1521 West Sacramento, CA 95691-1521, USA or www.wordtorussia.org

ISBN 978-1-7375865-7-9

Unless otherwise noted, Scripture quotations in this book are taken from the "SINODAL BIBLE TRANSLATION"

All images from Wikipedia Commons, Public Domain—Unless Otherwise Noted and/or are the personal photographs of Michael Lokteff or other family members under use consent.

Printed in the United State of America TRIBNET PUBLICATIONS – SACRAMENTO, CA www.tribnet.org

Editorial Team Michael Lokteff, Vladimir Mysin, both of Word to Russia; and Douglas W. Krieger – Tribnet Publications and Member BoD, Word to Russia.

Михаил Локтев

ЖИЗНЬ ИЗМЕРЕННАЯ ДЕЛАМИ

RIVER OF FAITH . . . Our Amazing Journey to Freedom ⦻⦻⦻⦻⦻ ⦻⦻⦻⦻⦻⦻
By Daniel Lokteff and Michael Lokteff

Copyright © 2022 by Michael Lokteff
West Sacramento (Bryte), California USA

All rights reserved. This book or parts thereof may not be reproduced in any form, stored in any retrieval system, or transmitted in any form by any means—electronic, mechanical, photocopy, recording, or otherwise—without prior written permission of the author and/or the author's family designees, except for the use of brief quotations in a book review or scholarly journey or as provided by United States of America copyright law. For permission requests, write to the WORD TO RUSSIA Ministry @ P.O. BOX 1521 West Sacramento, CA 95691-1521, USA or www.wordtorussia.org

ISBN 978-1-7375865-7-9

Unless otherwise noted, Scripture quotations in this book are taken from the "SINODAL BIBLE TRANSLATION"

All images from Wikipedia Commons, Public Domain—Unless Otherwise Noted and/or are the personal photographs of Michael Lokteff or other family members under use consent.

Printed in the United State of America TRIBNET PUBLICATIONS – SACRAMENTO, CA www.tribnet.org

Editorial Team Michael Lokteff, Vladimir Mysin, both of Word to Russia; and Douglas W. Krieger – Tribnet Publications and Member BoD, Word to Russia.